中原传统村落开发中的
参数化空间肌理解析与重构技术

刘　磊　著

东南大学出版社
·南京·

图书在版编目（CIP）数据

中原传统村落开发中的参数化空间肌理解析与重构技术／刘磊著．-- 南京：东南大学出版社，2019.8

ISBN 978-7-5641-8466-7

Ⅰ．①中… Ⅱ．①刘… Ⅲ．①村落—研究—河南 Ⅳ．①K928.5

中国版本图书馆 CIP 数据核字（2019）第 133367 号

中原传统村落开发中的参数化空间肌理解析与重构技术

Zhongyuan Chuantong Cunluo Kaifa Zhong De Canshuhua Kongjian Jili Jiexi Yu Chonggou Jishu

著　　者：刘　磊
责任编辑：戴　丽　贺玮玮
封面设计：颜庆婷
责任印制：周荣虎

出版发行：东南大学出版社
社　　址：南京市四牌楼 2 号　　邮编：210096
网　　址：http://www.seupress.com
出 版 人：江建中

印　　刷：南京玉河印刷厂
排　　版：南京布克文化发展有限公司
开　　本：787 mm×1092 mm　1/16　印　张：8.5　字　数：200 千字
版 印 次：2019 年 8 月第 1 版　2019 年 8 月第 1 次印刷
书　　号：ISBN 978-7-5641-8466-7
定　　价：39.00 元

经　　销：全国各地新华书店
发行热线：025-83790519　83791830

前 言

借助 ArcGis、RS、BIM 等现代化信息采集、处理技术对传统空间进行特征分析，是大数据时代传统村落研究的趋势。与传统方法相比，它将模糊的文字表述转化为精确的量化参数，充分利用了云处理、云存储等最先进的软硬件科技手段,令以往近乎不可能实现的历史轨迹反演、传统场景虚拟、数字漫游等课题有了更加直观和翔实的依据，因此备受学界、政府认可。但任何事情都有两面性，参数化技术虽然优势众多，但毕竟需要以翔实、全面的信息源或数据源为基础，这就要求研究对象能够拥有质量较好的物质基底和史证资料。

与江、浙、徽、京等地相比，千里沃野的耕地优势曾令中原一度长期居于传统中国的政治、经济、文化中心达 3000 年之久，但天下之中的区位优势和无险可守的地理条件却也同样为其招致了祸端，频繁的朝代更迭、残酷的战争毁坏、荼毒的天灾人祸，令无数宝贵的村落遗存惨遭摧残。加之南宋后期经济中心南移对中原造成的影响，经济萧条、地位衰微或多或少地降低了当地居民的保护意识，进一步加剧了传统村落的破损程度。

随着乡村振兴战略的推行和优秀文明传承意识的普及，有关传统村落风貌保护、动力激活、开发转型的研究不胜枚举。当然，借参数化工具或技术展开的中原传统村落研究也增多。笔者坚持认为，不做精细语境区分就盲目于数据采集、分析的做法并不可取，对于中原这种特殊地情条件而言，参数化解析的适用对象和楔入角度至关重要。正因如此，笔者将本书的框架做如下设计：

第一章简要概述了传统村落研究的背景、意义、目的及思路，分别从国家、地域、科研三个方面说明了本研究所具有的价值，继而又介绍了研究思路、研究方法、创新点、国内外研究动态等。尤其指出，对于中原传统村落参数化研究的目的在于：第一，对于“有证”对象，旨在形成一套针对性强、易于操作的参数化解析策略；第二，对于“无证”对象，旨在形成一套逻辑严密的空间肌理特征解析思路。

第二章主要介绍了当前国内外与传统村落、历史城镇有关的学术动态，考虑到成果梳理与本书研究指向的关联性，分别从历史演变、成因机制、风貌特色、开发策略等 4 个方面展开述评。

第三章是对中原传统村落遗存特点和开发现状的介绍。首先，结合文献整理和田野踏勘，从地域圈属、分布规律、风貌意象三个层面总结了中原传统村落的遗存特点。其次，根据现有遗存的保护等级、现行开发的实施进度，对中原传统村落的开发状态进行划分。

第四章主要阐述了参数化解析的展开思路。本书研究认为，由于中原传统村落普遍存在不同程度的遗存破损状态，所以不能刻板按照“唯数据化”的方法进行解析。一方面，对于那些近乎“无证”的村落对象而言，研究提出可通过“原型辨识”理念和“簇—群”联结理念予以把握其特征；另一方面，对于那些遗存基底质量较好的村落对象而言，研究倡导应根据其特殊的风貌结构层级进行分类解析。

第五章通过荆紫关镇、李渡口村两处案例，详细阐述了“无证”情境下中原传统村落的参数化解析策略。具体包括：基于原型辨识理念的空间肌理特征反演策略、基于“簇—群”联结理念的镇域及村域空间肌理特征解析策略。

第六章包括两个部分，它们都是关于“有证”情境下中原传统村落的参数化解析策略。第一部分，本书以“街巷”为例，系统论述了面向特定风貌层级的研究展开思路；第二部分则以“社—空”结构还原为理念，系统论述如何进行风貌修复的过程。

第七章是对本书的总结。首先，归纳了本书研究得到的三点收获在于：（1）找到了一条能够突破特殊地情条件限制的楔入路径；（2）归纳了一套与地域原真吻合度高、尊重传统建构规则的景观风貌解析策略；（3）总结了一套应对具体开发实际、开发问题的针对性风貌修复策略。其次，从时间与成效、保护与开发两个层面提出了笔者关于传统村落保护研究的思考，认为“整治”远比“修复”更复杂，保护与开发优先级的平衡是任何开发行为必须反复强调的原则。

最后，笔者对本书研究进行了展望，并从框架的充实、图式的细化和理念的具化三重角度检讨了本书研究的不足。

目 录

1　传统村落研究的背景、意义、目的及思路

1.1 研究背景

1.1.1 特色原真保护的需要

传统村落蕴藏着丰富的历史文化信息与生态景观资源，是农耕文明的精髓和中华民族的根基，是承载中华传统文化的“活化石”和“博物馆”。由于传统村落能够综合体现特定地域内的经济、政治、思想、文化、艺术状态，同时也能够鲜活反映特定地域内的真实生活形态[1]和景观风貌演变，因此被誉为“最基层、最根本的民族DNA”。

景观风貌是传统村落中最外显、最生动的特色资源，是区别于其他地域特征形成地域个性的基础。而在构成景观风貌的诸多资源中，空间肌理不仅是最能体现农耕文化精髓与地域聚居模式的意象表达，而且是最能直观辨识城、镇、集等不同地域载体的渠道。（图1–1、图1–2）

20世纪50年代，“地域特色”作为历史建构中一项最为重要的价值品质率先被西方发达国家所肯定，自此以后，历史文化名城、名镇和

图1–1 浙江宁海美丽乡村田野风貌（上），图片来源：百度网

图1–2 浙江宁海美丽乡村建筑风貌（下），图片来源：百度网

名村都被视为一种稀缺的、不可再生的特殊遗产资源[2]。然而，在城镇化迅猛推进的建设大潮中，城市所具有的巨大就业、收入、医疗、卫生等优势，直接导致了大量农村人口向城市的聚集和转移，城市成为时代进步的最大受益者。可反观乡村，其与城市在各个方面的比较中都呈现出明显劣势，更为致命的是，随着大批历史村镇的自组织维系机制解体，这种两极化倾向愈发突出。

受到审美取向转变、出行方式更新、建设材料升级等因素的影响，以传统村落为代表的广大历史小城镇（村）在城镇化进程的冲击下，其空间肌理发生了剧烈变革（图 1–3、图 1–4）。虽然在政府管控下，现下如私拆乱建等无序行为已得到了一定程度的抑制，但如空间内涵丧失、风貌肌理异化、地域文脉割裂等弊病依然未能得到有效解决。

若再进一步分析，我们甚至可以说，城镇化进程的加快并没有为传统村落的全方位保护和可持续发展留下充足的思考时间。在资料获取极大便捷的信息化时代，本应严谨而细致的“有机更新”被所谓“高效”“便捷”的借鉴式、复制式思路所蒙蔽，开发策略难以精准反映传统地域建构的历史原真风貌和肌理演化机制，开发实践难以真正实现地域文化的底蕴传承和地域品牌的有效重塑。大量功利而速成的建设作品背后，不仅反映出人们对传统村落价值认知的严重扭曲，而且也明显暴露出理念认同、成效共识与建设初衷之间存在的不小差距。

由此可见，要想在“建”与“留”这对极难调和的博弈矛盾中合理扼制“建设性破坏—破坏性建设”这一死循环所造成的特色资源损失，亟须通过地情针对性强、成果转化度高的专题研究予以破解。

图 1–3　遭到破坏的乡村建筑1，图片来源：百度网

图 1-4 遭到破坏的乡村建筑2，图片来源：百度网

1.1.2 国家发展导向的需要

2012 年，十八大树立了“尊重自然、顺应自然、保护自然”的生态建设理念，要求“把生态文明建设放在突出地位”，首次提出了“建设美丽中国，实现永续发展”的宏伟构想。在 2013 年 3 月召开的十二届全国人大一次会议江苏代表团审议中，习近平总书记做出了“积极稳妥地推进城镇化，实施‘碧水蓝天’工程”的重要指示。2013 年 11 月，十八届三中全会进一步要求“紧紧围绕建设美丽中国深化生态文明体制改革……推动形成人与自然和谐发展的现代化建设新格局”。2013 年 12 月，中央城镇化工作会议再次明确了“让居民望得见山、看得见水、记得住乡愁”的坚定立场。2014 年，党和中央政府制定了以轻重缓急为原则，3 年内共投入 100 多亿元建设资金“抢救”濒危传统村落的决定。2014 年 7 月 24 日，住房和城乡建设部公布了《2014 年第一批列入中央财政支持范围的中国传统村落名单》[1]，全国共计 327 个传统村落入选。2016 年，《国务院关于印发“十三五”旅游业发展规划的通知》正式提出了“个性化、特色化”的乡村旅游开发纲领。2017 年 10 月，习近平同志在十九大报告中再次强调，“乡村振兴”和“文化自信”是全面建成小康社会所需坚定实施的决胜发展战略，要“深入挖掘传统文化”“加强文化遗产保护”。2017 年 12 月召开的全国住房城乡建设工作会议将“传统村落和传统建筑保护”作为 2018 年落实十九大乡村振兴战略所必须完成的六大工作任务之一，肯定了通过打造富有地域、民族、时代特征的景观风貌，以切实推动“美丽乡村”建设质量的策略。2017 年的十九大和 2019 年“中央一号文件”敏锐、适时地将“乡村振兴”作为国家发展的头等战略……这些政策的轮番出台，一方面鲜明彰显了国家对于传统村落保护、优秀文化传承的气魄与决心，另一方面也预示着国

注[1]：传统村落(镇)是指“形成较早、拥有物质形态和非物质形态文化遗产，具有较高历史、文化、科学、艺术、社会、经济价值，虽然年代久远，但至今仍为人们服务的村落类型”。根据国家住建部颁布的《传统村落（镇）评价认定指标体系》，其认定有两个标准：一是现存建筑具有一定的久远度，文物保护单位的等级达到标准，传统建筑的占地规模、现存传统建筑（群）和周边环境具有一定的完整性，建筑的造型、结构、材料及装饰有一定的美学价值；二是传统村落（镇）在选址、规划等方面代表了所在地域、民族及特定历史时期的典型特征，具有一定的科学、文化、历史以及考古的价值，并与周边的自然环境相协调，承载了一定的非物质文化遗产。

家对于相关研究工作开展的急切敦促。

从另一个角度来看，我国当前的传统村落开发已普遍暴露出概念不清、定位不准、急于求成、盲目建设等弊病，出现了同质化严重的“千村一面”现象，正如中国城市和小城镇改革发展中心理事长李铁所言：“千篇一律的文化、景观开发模式，已成为制约传统村落开发成效的核心问题。”因此，以“传统村落空间肌理特征解析”为落点的专题研究的开展，可为现有的休闲观光农业（图 1–5、图 1–6）、循环农业等主流开发模式提供理论支持，也利于衡量传统村落绿色开发成效健康与否。

图 1–5 乡村旅游 1（左），图片来源：百度网

图 1–6 乡村旅游 2（右），图片来源：百度网

1.1.3 研究持续推进的需要

在幅员辽阔的中国大地上，传统村落分布的时空跨度极广，生长背景也非常复杂。除江、浙、徽等传统村落遗存状态较好的地域以外，还有中原传统村落（图 1–7、图 1–8）。中原传统村落有特殊处：第一，“天下之中”的地理区位令中原文化在形成过程中拥有了多元和复杂的脉络，生长于斯的传统村落也因此具备了更加烦琐和模糊的风貌特质；第二，以平原为主的中原地区并不具备如山地、盆地、林地等天然的保护屏障，在历年频发的战乱和灾祸中，当地的传统村落更易失去如遗存、文献、图纸等完整的史证资料，这便令专题研究的开展失去了“友好”的地缘平台；第三，与其他地区物质遗存状态相比，作为华夏文明主流发祥地和核心传播地的中原地区表现出异常深厚的文化底蕴。这种非平衡性，既难于凭借惯用的数据量化方法来全面衡量其传统村落的真实价值，又令研究工作难以觅得相似案例的既有经验参考。或许正因如此，长期以来涉及中原地区传统村落的研究，无论是质量或是数量，都远远逊于国内其他地区。

图 1–7 中原的堡寨式村落：寨卜昌（左），图片来源：自摄

图 1–8 中原的堡寨式村落：临沣寨（右），图片来源：自摄

近年来，参数化技术的优越性已逐渐为设计机构、研究学界所重视和肯定，甚至得到相关政策法规的保障，其先进之处在于：一则，其技术基础是可量化的参数和规则程序，这决定了该技术工作原理的相对客观性，它也能够提高规划设计的科学性；二则，其以计算机平台为依托，基于参数、规则所进行的村落空间形态设计，也是当前国际研究的主流趋势。但客观地说，参数化技术同样存在欠缺，比如，它需要大量甚至海量的翔实资料或数据为基本研究条件，面对遗存状态残破、史证资料缺乏的中原传统村落对象时，地情的“先天缺陷”直接影响着参数化解析的深度、信度与效度。可见，参数化技术之于此类特殊对象的适宜性、解析视角、解析逻辑等问题是需要进行深入、反复论证的严肃命题。

从既有研究成果的梳理中发现，当下业界有关传统村落空间肌理特征解析的研究已暴露出过多停留于空间、建筑等可见对象之上的态势，这一主流思路常常因忽略了传统村落中功能与形态、景观与文化的固有关联，导致研究结果背离了历史的真实性和文化的严肃性[3]。所以，如何在几近“无据可依”的苛刻研究前提下，实现科学、合理的参数化分析理论，也有待于传统村落研究的进一步论证。

1.2 研究意义

1.2.1 国家层面的意义

众所周知，传统中国所创造的诸多璀璨成就多以农耕文明为基础。在5000年的历史底蕴中，诞生了浩若烟海、形形色色的村落遗产类型。即使在传统村落大量消弭、城乡差距悬殊的当下，我国尚拥有近6亿的农村常住人口。可见，以传统村落为代表的专题研究，不仅直接关系到“美丽中国”“乡村振兴”等宏伟战略目标的实现，而且深刻影响着城镇化建设、历史遗产保护、地域特色开发等具体建设领域的进展成效。具体而言，传统村落研究之于国家层面的意义主要体现在以下三个方面：

第一，作为广大农村的典型代表，传统村落包含了丰富的地域文化因子和优质的景观风貌形态，传承着数千年农耕文明的精髓。在城乡一体化进程向全域化、精细化、特色化阶段迈进的时代拐点，以其为样本的研究，将深入触及如地域特色提炼、历史文脉续接、遗产可持续更新、资源合理利用等重要议题，有益于形成独创性、唯一性和引领性的成果诠释，有助于遗产保护意识的普及和地域认同感的唤醒。

第二，大量研究也已证明，“旅游开发”是解决传统村落“建—留”矛盾、内生动力不足的可行渠道，而“特色保持”又是决定传统村落开发产品能否突破商业色彩浓重、后期竞争力疲软等弊病的关键。据统计，2016年我国的休闲农业和乡村旅游接待量已达21亿人次，预计到2020

年，该数字会跃升至32亿人次。在如此庞大的市场潜力面前，传统村落研究的开展将有益于社会公众对传统村落稀缺价值的正确认知，规范并纠正开发建设中的不当思路，有效推进如“遗产保护”“非物质文化保护”“传统文化复兴”等工作的落实。

第三，时代的更替和国家发展的导向，赋予了新型城镇化和新农村建设的光荣使命，在此契机下，传统村落研究一方面利于摸索将历史禀赋转化为优势平台的途径，一方面也利于检验开发策略与“主题性、丰富性、展示性、体验性”等建设目标的契合程度。

1.2.2 地域层面的意义

中原是我国传统文明的主要发源地，在长达5000年的历史刻度中，华夏大地上的政治、经济、文化中心有近三分之一的时间都集中于此。随着“中原经济区”规划蓝图的提出，中原再度成为国家地域崛起计划中不可或缺的核心板块。具体而言，传统村落研究之于地域层面的意义主要体现在以下两个方面：

第一，中原地区的遗存资源丰富，曾有“地下文物全国第一，地上文物全国第二”的美誉，但受到天灾、人祸等历史原因的破坏和影响，多数传统村落已失去了原应清晰的生长痕迹。及至近代，日渐落后的经济状态和庸俗淡薄的保护意识，不仅加剧了珍惜遗存的保存难度，也进一步造成了文献、图片等史证资料的流失遗憾。如果说，文化底蕴极大丰厚与遗存状态极度破败是一种历史形成的尴尬矛盾，那么因种种不友好的调研环境所导致的业界漠视更可谓是一种“令人扼腕的悲哀”。长久以来，围绕中原传统村落所产出的研究成果，无论在数量上或是质量上，均远远滞后于江、浙、徽等地。可见，中原传统村落专题研究的开展，利于凝练科学、系统的地域建设经验，为现有的休闲观光农业、循环农业等主流开发模式提供理论支持。

第二，如前所述，主、客观条件所造成的深远影响，长期令业界内外、社会公众甚至本土的开发机构和居民对于中原传统村落的特色认知都停留在“模糊”“无序”“难以辨识”等尴尬层面，这显然既不利于2016年《国务院关于印发“十三五”旅游业发展规划的通知》中提出的“个性化、特色化”乡村旅游开发思路，也不利于2017年全国住房城乡建设工作会议明确指出的通过打造富有地域、民族、时代特征的景观风貌以切实推动“美丽乡村”的建设质量的策略，同样不利于2019年“中央一号文件”多次强调的“打造乡村旅游精品工程”的目标。近年来，河南省委省政府专门制定了以“历史底蕴挖掘、地域元素融入”为核心的“美丽河南”建设方略，而在“中原经济区”建设中，“华夏历史文明传统创新区”又被列为需重点建设的内容子项之一。上述政策的贯彻执行需要中原传统村落专题的持续研究作为深度理论支撑，也需要专题研究论证出的践行策略来纠正不加推敲、盲目套用的建设陋习。

1.2.3 科研层面的意义

有专家曾言：我国目前的传统村落研究已经陷入“学科生态低势位、本土理论缺位、科学实践技术缺位”的三大困境之中。诚然，从当前学界的研究来看，国内的研究套路几乎全面遭遇西方理论体系的冲击，既不考虑论证对象的个性实际，又不具备本土转译的高明手法，更有甚者，为了凸显所谓的“严谨”和“深度”，一切“唯数据论”“唯量化论”，丝毫不顾传统建构事实上所恪守的建设逻辑与审美习惯，丧失了核心的本土理论支撑，传统村落研究基本沦为西方学术思想倾倒的实验田。因此，专题研究之于科研层面的意义主要体现在以下两个方面：

第一，从知网检索的信息反馈可知，当前多数的传统村落研究都与空间句法、GIS 等“先进分析技术”有关。但据段进先生统计，空间句法在中国近 20 年的发展过程中，只有 4% 的研究曾在原有理论基础上进行过优化和技术提升，除此以外，其余均为不加任何修改的套用和沿袭。因此，研究在开展伊始，便确定了“从地域既有的优势禀赋入手，解析不偏离原真建设逻辑”的基本准则。虽然这种视角仍不可避免地出现些许偏颇，但从长远来看，有利于凝练和形成学科发展所需的核心理论。

第二，传统村落研究的一个显著特点在于，其与地域建设的实际问题息息相关，带有很强的务实性。研究基于风景园林学的专业背景，尝试运用人类学、建筑现象学等理论依据，最终形成了应对“无证”条件下的“原型甄别”理论、“‘簇—群’联结”理论、“‘社—空’结构还原”理论，以及应对“有证”条件下的“参数化解析”理论。这些成果的得出，不仅有助于中原此类特殊地情条件下的开发理念创新，而且有助于切实弥补资源类型相近、文化背景同源、区位分布密集、遗存状态残破等 4 类典型情境下的专题研究不足。

1.3 研究目的

（1）对于“有证”对象，形成一套针对性强、易于操作的参数化解析策略。

文中所指的“有证”对象，一方面是指遗存状态相对完好、史证资料相对完善的村落样本，另一方面又可指代如建筑、院落、街巷、节点等对应不同景观风貌结构的专类空间肌理。对于此类对象而言，主要借助数据提取、数字技术模拟、计算机辅助分析等工具和手段，尝试归纳一套技术流程完整、解析手段先进、易于同类借鉴的参数化解析策略。具体到本书研究中，则是以郑州荥阳高山镇石洞沟村为例，通过网络线密度、网络面密度、网络渗透性等参数化指标的提取，对村落的街巷结构特征做出解析。该案例不仅得到了较为真实、准确的研究结论，而且突破了以往研究中关于路径长度、断面宽度等惯用量化指标的瓶颈。

（2）对于"无证"对象，形成一套逻辑严密的空间肌理特征解析思路。

文中所指的"无证"对象，一方面是指遗存状态相对残破、史证资料缺失严重的村落样本，另一方面又可指代如建筑、院落、街巷、节点等对应不同景观风貌结构的专类空间肌理。就本次研究所面对的对象地情特征而言，绝大多数传统村落都不同程度地存在史证信息的缺失，所以研究并未一味按"拆分式"的思路进行孤立、生硬的量化解析。反之，充分依托"中原文化从未断裂"这一地域禀赋优势，从人类文化学、建筑现象学、环境行为学等学科理论中凝练解析逻辑，令定性分析与定量测度有机结合，旨在突破"非友好"研究前提下的参数化解析障碍。

1.4 研究思路

本研究为实践性较强的综合研究，拟结合中原传统村落的实际地情特征，按照"提出问题—分析问题—解决问题"的思路展开（图 1–9），具体如下：

1.4.1 基本研究思路与方法的确定

首先，系统梳理国内外相关研究成果，厘清课题研究所需具备的知识要点，梳理适于中原传统村落地情特质的理论和技术手段。

其次，全面调研中原传统村落的遗存现状及开发情况，结合前期的文献研究成果，进一步明晰研究策略的细节导向。

1.4.2 中原传统村落的基础信息调研

首先，通过田野调研、现场测绘、无人机航拍、资料购买等手段，广泛获取或收集资料，具体包括矢量规划图纸、高分辨率影像数据、Landsat TM/ETM+ 遥感影像、DEM 数字高程模型、文献典籍、村史村志等。

其次，以 3S 技术为工具支持，按照豫中、豫东、豫西、豫南、豫北等地域圈属梳理资料；根据建制沿革、风貌意象宏观把握对象特征；根据保护等级、开发进度准确判断"有证""无证"的参数化适用情境。

1.4.3 参数化解析技术的具体应用

首先，坚持"客观、理性、准适"的基本原则，结合中原地区的传统村落遗存状态，灵活将"保护等级"和"开发进度"作为判断参数化解析技术应用的依据。例如，由于国家级名录内的传统村落，通常在遗存质量、历史价值、完整程度等方面都要优于地市级名录中的村落，因此建议从宏观层面上进行空间肌理的参数化解析。而地市级名录中的村注[2]：已开发村落，是指已具备开发方案或已完成风貌修复工作的村落对象，它们以平顶山郏县临沣寨、信阳新县西河大湾村等村落为代表。待开发村落，是指基本具备开发条件，但尚无具体开发方案或未完成风貌修复工作的村落对象，它们以焦作博爱县寨卜昌村、平顶山郏县李渡口村等村落为代表。未开发村落，是指既不具备开发条件，又不具备开发方案或未开展风貌修复工作的村落对象，它们以新乡辉县水磨村、鹤壁浚县白寺村等村落为代表。

落虽然在整体质量（或数量）上略逊于国家级传统村落，但并不能说明其局部的遗存状态“毫无研究价值”，因此建议以中观甚至微观的视角开展空间肌理的参数化解析。

其次，除既有、可见的资料信息外，“开发进度”同样能够作为判断“有证”或“无证”研究情境的标准。例如，根据实际开发进度的快慢，中原传统村落可大致分为已开发、待开发、未开发 3 种状态[2]。若已开发村落被视为“有证”，那么待开发、未开发村落的“无证”难题应如何破解？若“无证”的条件成立，是否意味着该类村落彻底失去了参数化解析的基本条件？若“有证”村落已完成开发，那么其开发时所依照的凭据和原真演化逻辑下“应有”的凭据到底哪一个更值得信任？这些问题都成为系统论述展开的关键题眼。

1.4.4 有证 / 无证条件下参数化解析技术的理论归纳

如前所述，在一般的“有证”条件下，可直接应用参数化技术对不同载体层级中的空间肌理特征进行解析。但需要注意从以下两方面归纳研究经验：第一，参数化解析指标的设置，即应善于总结不同风貌条件、所占（风貌）结构比重等研究语境中的指标设定原则、方法；第二，“洋为中用”的理论提升、转化经验。“洋”，即西方的现代分析方法与理念（如按功能分区进行分析）；“中”，即应综合考虑历史习惯、地域审美、建构规则等固有的建设逻辑（如风水思想），绝不可作粗浅、生硬的套用。

本书研究认为，无证条件下的参数化解析，包括原真建构逻辑的还原推敲和理论（或实践）模型的参数化解析两部分内容。在本书研究过程中，笔者对前一部分所倾注的笔墨与优先级更胜于后者。理由在于：首先，“无证”的情境更合乎多数中原传统村落的遗存特征；其次，较之参数化解析部分，此部分内容的研究应用价值更为明显，它一针见血地打通了“生搬硬套”和“主流研究趋势”间的瓶颈。

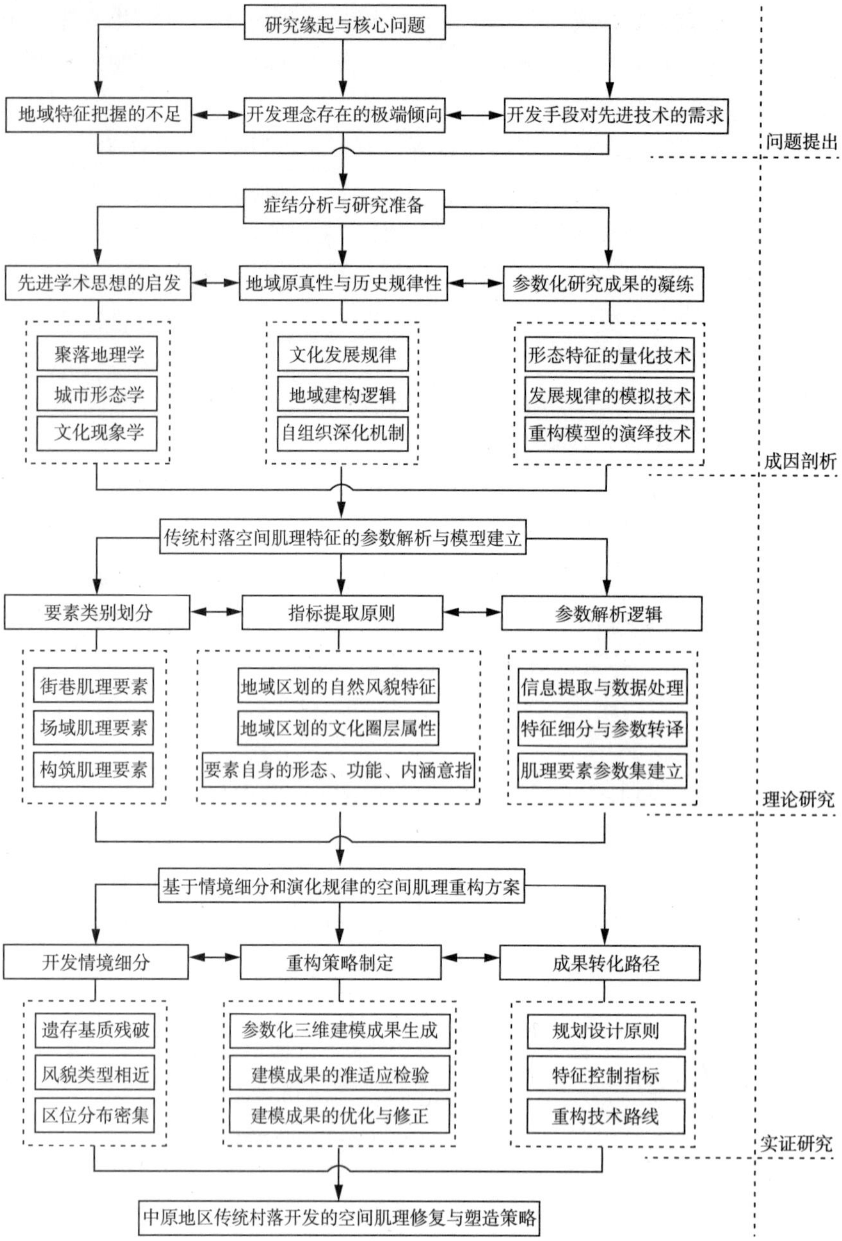

图 1-9 技术路线图，图片来源：自绘

1.5 研究方法

1.5.1 多学科交叉的研究方法

传统村落研究既会涉及历史、文化、管理等庞杂的学理内容，又会关系到政府、企业、居民等受众主体，具有极强的特殊性和复杂性。研究以多学科交叉的视角，综合运用艺术学、风景园林学、城乡规划学、建筑学、土地资源管理学等学科研究方法，灵活根据具体研究专题展开论证。

1.5.2 文献分析与田野调查并重

文献分析与田野调查是基础资料采集的重要环节。课题研究所需的相关资料较多，包括典籍、族谱、地志、县志、统计年鉴、网络资源、学位论文、建设图纸等。田野调查需对豫东、豫西、豫南、豫北、豫中等地的传统村落对象进行走访。故在研究过程中会灵活运用实地踏勘、深度访谈、问卷调查、现场测绘等方法采集资料。

1.5.3 共时性类比与历时性反演相结合

由于中原传统村落具有地域分布跨度大、文脉关系庞杂等特点，拟采用共时性类比与历时性反演相结合的方法来全面把握其风貌特征和建构逻辑。共时性类比，是指从宏观、中观和微观 3 个视角对村落建设背景、肌理特征做出的比较；历时性反演，是指对村落风貌特征的演化轨迹和形成机制做出的剖析。

1.5.4 理论分析与案例实证相结合

中原传统村落的开发问题，既存在某些与其他地域案例的近似性，又具有自身典型的地情特殊性。本课题拟通过理论分析与案例实证相结合的方式对研究结论做出检验。

1.6 创新点

1.6.1 研究视角创新

摒弃以往“重物轻文”或“重文轻物”（文化决定论或条件决定论）的分析视角，在充分尊重历史建构的基础上，以本土地理学（风水）为基本原则，根据中原遗存风貌残缺、资料缺失但文化脉络从未断裂的地情特点，提出以文化规律分析为楔入点，继而最大限度规避“无证”条件下开展参数化解析研究的逻辑。

1.6.2 研究思路创新

本研究摆脱了以往专注于院落、建筑、街巷等实体层面的惯用思路，在充分尊重中原地情实际的前提下，将论述重点放在地域建构逻辑、自组织机制等核心问题上。参数化解析仅作为一种手段，更着重探讨文化规则之于肌理表征的"景观层积"形成机制，最终形成一套系统、深入的风貌解析策略，论证了参数化解析技术之于中原村落对象的可行性。

1.6.3 研究方法创新

本书并没有一味按照数据统计、量化分析等研究方法来"拆分式"地认知中原传统村落的空间肌理特征，而是基于文化人类学、建筑观象学、风景园林学、环境行为学等前沿理论，在类比各地区历史聚落平面类型之后，创新性地提出了"簇—群"联结的概念。在此概念的引导下，从共性的"簇—群"关系剖析入手，反推其特色景观风貌的历史成因（原型）、变化轨迹（文脉）、自组织更新机制，最终在不偏离传统建构逻辑与审美规则的宗旨下，实现对特殊地情条件下豫南传统村落景观风貌"层积"机制的解读。

参考文献

[1] 张松. 历史性城市保护学导论——文化遗产和历史环境保护的一种整体性方法 [M].2 版. 上海：同济大学出版社，2008.

[2] 简·雅各布斯. 美国大城市的死与生 [M]. 金衡山，译. 南京：译林出版社，2005.

[3] 肖竞. 历史村镇文化景观构成与保护研究 [D]. 重庆：重庆大学，2008.

2 传统村落空间肌理特征解析研究的国内外动态

传统村落研究的涉及范围较广。从覆盖学科来看，可以包括如考古学、文化学、风景园林学、建筑学、城乡规划学、生态学等专业学科；从面向主体来看，可以包括如政府决策人群、企业开发人群、高校科研人群、专职主管人群、实际建设人群、旅游参与人群等受众对象；从关注内容来看，可以包括如特征归纳、开发策略、古建修复、治理措施、生态涵养等具体专题。因此，对于国内外研究成果的梳理不可能面面俱到，鉴于参数化研究是随着近现代计算机技术成熟而逐渐普及的研究趋势，此处的梳理仍主要从历史演变研究、成因机制研究、风貌特色研究、开发策略研究等 4 个解析角度展开论述。

2.1 国内研究动态

2.1.1 历史演变研究

刘敦桢系统梳理了中国各地域传统民居的建筑类型，并对其演变历程进行阐述[1]；赵明明收集了大量不同时期的历史地图，采用 GIS 数据分析的方法对成都旧城的文脉空间演进作出分析[2]；王南希以京西门头沟地区的 4 处传统村落为对象，对其乡土建筑的景观特征演变过程进行论证[3]；肖竞以“文化—空间—时间”为分析框架，归纳了西南山地历史城镇的文化景观演进脉络[4]；高小琼综合运用数理统计、GIS 分析等方法，针对苏南历史文化城镇群的历史演变过程进行研究[5]；王良比对了不同历史时期襄阳古城的地图样本，从标识要素、组织关系、群域斑块、格局范围 4 个方面解读其空间格局的演进特征[6]；吴丽萍运用旅游地生命周期理论和路径依赖理论，对苏州旅游型乡村的空间演化进行分析[7]；吕龙、黄震方、陈晓艳将 GIS 分析方法用于地志文献研究，借以总结乡村文化记忆空间的时空格局演变[8]；刘磊认为，可根据地域文脉的源头辨识，来帮助推敲地域风貌的演化轨迹[9]；蒋金亮、徐向远、孙东琪等在对历史地图整理的基础上，借助空间句法中的标准差椭圆分析法，梳理了不同历史时期广州城的空间特征演化脉络[10]；肖竞、曹珂、李和平提出通过时空对象整体关联、特征要素重点控制、功能单元有机更新、景观变化影响评价等方式，对城市历史景观的“层积性”演变进行分析[11]。

从所用方法来看，由于有关景观形态、风貌形态、格局形态、空间形态等演变过程的研究，大多需要翔实的资料、数据和文献支撑方得以展开，所以几乎没有针对遗存状态残破、史证缺失严重等“无证”条件的论述。此外，研究多倾向于借助空间句法、GIS、数理统计等“量化分析结果”作为论证依据，基本沿用了如空间分析、要素分析等西方舶来的研究逻辑，鲜有基于地域建构规则、建设习惯的分析方法出现。

2.1.2 成因机制研究

彭一刚通过图解的形式，对传统聚落的景观特色形成过程作出了形象阐释[12]；王绚探讨了传统堡寨聚落在不同时期内的形制演化机制[13]；何峰论述了湘南汉族传统村镇的空间形态演变动因[14]；左臣采用生态学的研究视角，认为自然环境、人文社会和经济产业等要素会对村落空间的结构演化产生作用[15]；马宇钢以自然背景、空间构成、表征载体等因素为关键指标，对西南山地历史城镇的街巷空间演进作出成因剖析[16]；郑东军基于地域特征的关联性和差异性，分析了中原地区传统村落的空间形态生成机制[17]；肖竞、李和平、曹珂将历史城镇的风貌结构分为可视景观要素与无形文化内涵两部分,通过分类论述其在格局、地段、街巷、节点四大载体层级中的关系，实现对作用机制的解读[18]；汪民根据江汉平原水网地区聚落空间在不同时段下的形态分异变化，形成了演变机制研究的理论基础[19]；王云才认为，可从尺度嵌套、生成过程、依存关系等方面，对构成景观空间特色的“图式语言组织逻辑”进行解析[20]；杨昌新、许为一、李星鋆从文化活动与景观风貌的关联、层累效应入手，对福建塔下古村的风貌形成机制进行阐述[21]；李恒和王向荣基于焦点、骨架、边界、基底和境域五大要素，对都江堰地区的景观体系演变展开了机制剖析[22]。

从所用方法来看，有关演化机制的论述多从格局、街巷等空间层面的分析展开，且研究对象又以单体的案例为主，较少有采用文化景观视角对其构成要素关系变化的论证，也很少有关于地域建构文化之于表征肌理影响方式的阐述。研究认为，对于传统村落这一特殊的文化景观，恰恰有必要深入论及其深层的文化组织规则机制，不能简单将文化、肌理“二分”看待。

2.1.3 风貌特色研究

金其铭基于聚落地理学的视角，分析了文化、环境之于景观风貌的作用方式[23]；陆元鼎和李先逵以民居建筑为主线，总结了各地域传统建构的风貌特色[24]；陈志华和李秋香分别对楠溪江中游地区[25]、婺源地区[26]、诸葛村[27]等地的乡土民居特色展开分析；王纪武从形态学角度分析了重庆偏岩古镇的选址、布局和空间特色[28]；孙大章概括了中国各地域民居的风貌特点[29]；付顺探讨了古蜀文化对于古蜀区域聚居环境演变的影响方式[30]；林志森借鉴人类学的研究方法，从“社会—空间”的角度对传统聚落的社区结构形态进行分析[31]；冯江以宗祠形制的演变为线索，对广州地区的乡土建筑特色展开分析[32]；刘沛林提出了用于传统聚落特征识别的“基因图谱”理论[33]；张以红基于Conzen学派的“平面分析理论”，从路网、布局、建筑3个方面归纳潭江流域的聚落形态特征[34]；王挺分别对家族型、商业型、制造型、防御型4类传统聚落的肌理形态特征进行归纳[35]；农志启尝试对地域聚居中的肌理符号进行现代转译[36]；朱雪梅等比较研究了粤北地区的传统村落建筑形态[37]；李睿从类型学视角对西江流域传统村落的风貌差异进行类比[38]；解锰从文化地理学的角度揭示了河源客家传统村落的民居特色[39]。

从上述成果来看，有关景观风貌特色的分析，既有研究大多将建筑、院落等实体构筑的特色简单等同于村落整体的风貌意象。实际上，除物质风貌特色外，传统村落的风貌特色还应同时包含建构习惯、审美逻辑等深层的组织规则特色，分析时除详细描述如规格、形态、尺度等内容外，还应包含对文化渊源、内涵指向等内容的阐述。

2.1.4 开发策略研究

吴良镛认为现代建筑的地区化和乡土建筑的现代化殊途同归，历史村镇开发应从技术、地域、文化的结合中汲取思路[40]；阮仪三、邵甬等学者以周庄、同里、角直、西塘、乌镇、南浔等地的水乡城镇为对象，阐述了具体的开发思路[41]；谭良斌等探讨了西北乡村生土民居的地域适应和功能适应模式[42]；舒科认为可从场域、江流、街道、景点、建筑等5个方面对成都地区古城镇（村）的空间风貌进行优化[43]；杨斌从城乡关系演变的属性与动力出发，构建了以绿道“基因”移植为媒介的城乡脉络重构模型[44]；达婷认为应通过建立“风景空间单元”来促进传统城镇与现代转型的协同[45]；韦松林以珠三角地区31个传统村镇为样本，论证了利于形态调控的机制对策[46]；曾光探讨了遗址公园与历史文化名村的共生保护策略[47]；王丽提出了“斑—廊—基—缘—时”的山地聚落开发策略[48]；崔曙平、于春等从选址、街巷、建筑、园林等物化要素分析入手，针对苏南乡村空间的特色保护提出见解[49]；王承华、张进帅、姜劲松以苏州平江历史文化街区为例，阐述了包含脉络修复、触媒带动和内生动力激活等手段的历史空间微更新策略[50]；文静基于“景观基因链”视角，提出了以“空间导向”为核心的历史城镇旅游开发策略[51]；徐刚、马丽丽、杨超提出了突出总体控制、自组织更新、规划—实施全周期设计的“文化景观空间体系”构建思路[52]。

经过梳理可知，国内的开发策略研究更侧重于对绿化面积、景观效果、基础设施、空间格局、建筑整饬等方面做出提升，对于地域文脉修复、策略准适性评判等内容则较少提及。相关阐述多以个人经验（理论或实践）为依托，由于这种经验仅是对特定对象而言才较有价值，所以仍缺乏一种能取得共识认同的研究成果出现。

2.1.5 国内相关研究述评

综观20多年来有关传统村落的研究，能够欣喜看到其研究维度正在不断扩大，探讨深度正在不断拓展，切入视角正在不断推新，但仍然存在一些不足。

首先，研究对象过多集中在江、浙、徽等遗存状态良好、参考资料丰富的地域，案例定位也过多集中于已入选国家级、省市级名录的历史村镇，对于某些特殊地情下的典型案例关注明显不足（如中原）。本书研究认为，对于这些特殊地情的专题研究工作亟须深化，通过覆盖范围的扩大以提高研究成果的全面性、客观性。

其次，虽然当前有关传统村落的研究成果众多，但却从侧面反映出国内研究应更加重视“质”的提高而非“量”的积累。随着学科交叉的研究趋势成为主流，核心学科与非核心学科间的可区分度也日渐下降，最为明显的表现就在于本土理论的缺位和失语。研究认为，应充分基于不同地域传统村落建设的具体地情和条件，对论证的适用语境做出精细界定，鼓励本土原创理论的挖掘和体系化培育。

最后，虽然利用西方经典理论和先进技术对传统中式建构进行分析已成为研究常态，但这些研究却并未及时地说明这些技术的具体适用条件、适用时段，也没有阐述清楚详细的提升或转译过程，最终导致研究思路呈现单一化。研究认为，对于西方经典并不应一味抵触，只是在研究开展之前，须反复论证指导思想、践行路径、推进逻辑、地情实际及历史原真的准适性，杜绝思路套用的机械研究惰性出现。

本书对近年来的中原地区传统村落研究进行了梳理。吕红医分析了中原地区传统建筑空间的地域趋同性根源[53]；郑东军和张玉坤较为全面地介绍了河南地区的传统聚落与堡寨建筑类型[54]；朱晓翔对小店河村等 9 个传统村落建立了旅游开发的资源价值评估模型[55]；宋霞对河南历史文化名镇的格局演化做出分析[56]；郑青分析了河南陕县地坑窑的空间装饰特点[57]；刘书芳梳理了临沣寨的历史渊源和风貌演变过程[58]；王中旸[59]、范晓琳等[60]、王云娜[61]、李丹丹[62]先后围绕临沣寨的开发议题，提出了各自的见解；张继珍尝试将“原型转换”的策略应用到豫西乡村的开发过程[63]；唐丽、张晓娟分析了豫西陕县地坑院的风貌形成过程[64]；吕红医、尹亮详细论述了豫西南盆地传统民居的建构程序[65]；张运兴针对焦作云台山地区的传统村落旅游资源整合问题展开研究[66]；左满常、渠滔、王放系统总结了河南五大地域区划的地区传统民居特点[67]；张永超[68]和陈豪[69]分别就郏县历史文化名村（镇）的保护现状、发展困境、建筑特色进行探研；张萍和吕红医对豫北山地民居的形态特征做出归纳[70]；段晨从建筑类型、文化特征两方面类比了河南传统民居的地域差异[71]。

从所具共性来看，河南本土内的专题研究呈现出如下特点：第一，来源渠道较为单一。研究人员多以高校师生为主，且多集中于郑州大学建筑学院暨中国建筑文化研究所、河南省文物建筑保护研究中心等省内的代表性科研机构。第二，关注对象较为狭隘。主要集中于临沣寨、寨卜昌等遗存状态较为完好的案例对象，对于遗存状态残破、风貌类型相近、区位分布密集等地区的特殊对象论证不足。第三，研究深度较为浅薄。相关成果的论证方式仍多以文字描述、资料罗列为主，存在疏于挖掘深层动因、脉络梳理等问题。

2.2 国外研究动态

2.2.1 历史演变研究

Czetwertynski-Sytnik 等指出城镇平面中建筑群、广场、街道的排列特征，能够反映城镇形态的历史演化逻辑[72]；Fritz 对 300 余座历史城镇的平面布局特征进行了分析；Mohammed Abdullah Eben Saleh 从人类文化学的视角调查了传统价值体制对位于沙特阿拉伯西南高地悬崖东部边缘 Alckas 村庄文化景观的影响及其发展演进过程[73]；Ewa Skowronek 等以 20 世纪 90 年代波兰在经济、社会、政治等方面产生的变化，探讨了波兰中东部地区农村景观风貌的演变路径[74]；Pardo 和 Guerrero 详细梳理了西班牙中部地区地下酒窖小镇的历史格局演变[75]；Lisa Dwi Wulandari 运用形态类型学的研究方法，对文化入侵和同化作用下的巴厘岛传统村落居住模式演变展开探讨[76]；Nackoney 和 Rybock 等学者将参与式制图和地理信息系统相结合，推导出民主刚果共和国村级农业分区内的村庄空间变化[77]；Melendez-Pastor、Hernández 等学者利用 GIS 分析技术，对西班牙 Sierra de Albarracín 村的土地覆被变化过程展开分析[78]。

从上述成果可以看出，国外对于历史村镇的演变研究，更倾向于采用形态学、类型学的研究视角和 GIS、遥感等研究技术，尽管诞生了不少经典的理论成果，也多为国内学者所接纳，但问题在于，这些成果的得出都需要相对完善和详尽的数据资料为依托，所以，在面对如中原这类特殊案例时，需要找到合理的楔入角度。

2.2.2 成因机制研究

J. G. Kohl 早在其《人类交通居住地与地形的关系》一书中便对聚落分布与地形、地理环境、交通线间的关系进行了阐述；Sauer 通过类比不同时期的形态特征，揭示了历史城镇的风貌形成机制；J. Brunches 对乡村聚落的空间形式、分布与演变机制进行了研究[79]；Gy Ruda 深入剖析了历史城镇的平面布局特征[80]；Moreira 分析了地域文化景观演进的动力机制[81]；Sylvain Paquette 和 Gerald Domon 对沙特阿拉伯南部的乡土村落形态变迁进行研究[82]；Marshall 在其经典的《街道与形态》一书中，系统介绍了有关传统街道的路径结构分析法，这种以物质视角为切入的分析深刻地影响了大批国内研究人士的观点[83]；Iiyama 等学者分析了日本西南部梯田农村景观的生态演化机制[84]；Miguel Solana

从商业移民、社会变迁、冲突个案等方面，阐述了导致西班牙加泰罗尼亚地区农村景观发生变化的影响机制[85]；Jerzy Bański 等以波兰卢布林地区乡村为例，认为投资压力、自然环境转变等因素所诱发的新型建筑风格，必然会导致传统聚落空间形态发生变化[86]；Catherine J. Nash 探讨了加拿大多伦多城市中心的同性恋村落是如何因性别和性别认同的改变而导致部分空间发生转换[87]；Tempesta 和 Vecchiato 等学者以意大利农村地区为例，通过对历史演化机制的分析，对高压输电线路掩埋所引起的景观风貌改变以及景观生态效益做出研究[88]。

从上述成果的产出背景来看，国外有关成因机制研究的学科涉及较广，生态学、建筑学、社会学等学科皆有论著出现。从成果的关注角度来看，这些论述基本围绕发展动力机制、影响机制和特色形成机制展开。本书将中原地区传统村落的自组织机制划分为生长动力机制和特色形成机制的做法，即是从这些共性中汲取的思路。

2.2.3 地域特色研究

富田芳郎阐述了台湾南北两地因建设习惯不同所导致的传统村落形态差异[89]；原广司从物质空间、自然环境、人的行为体验等方面，对世界不同地域、不同种族的聚落形态特征进行阐述，更为重要的是，他论证了各地聚落在多样风貌之下存在空间结构关联的事实，这一发现为本书研究提供了很好的楔入视角参考[90]；藤井明基于大量的实地调研与观察，探讨了世界各地聚落营建的选址、形态和空间秩序特征[91]；Marja 基于游客和原住居民的认知视角，论证了不同主体对于 Ylläs 小镇遗存资源被开发利用后的景观营造评价差异[92]；Scott D. Hardy 和 Tomas M. Koontz 分别以城市和乡村两种不同的文化语境为例，论证了不同文化属性对地域景观风貌造成重要影响的方式和过程[93]；Brown 和 Brabyn 从区域尺度的公众参与 GIS 视角出发，分析景观特征分类的多样价值[94]。

从上述成果来看，国外针对地域特色的研究，更倾向于以一种类比研究的视角进行（如不同地域、不同时段），同时已由以往物质形态研究转向对建设语境、文化秩序等深层文化特色的提炼，这些关注侧重都为本书研究的落点产生了影响。

2.2.4 开发策略研究

Morgan 提出应遵循“空间组织—社会结构—生活习俗”的逻辑，对印第安聚落进行保护；Saleh 基于文化人类学的学科视角，针对沙特地区的景观风貌修复工作提出建议；Medina 认为，伴随着旅游业发展所产生的文化商业化现象已严重影响到玛雅文化的传统形式，应通过引导原住村民对旅游情境进行营造的方式予以修复[95]；Winchester 和 Role 从民俗旅游视角出发，提出了针对澳大利亚地区 Lobethal 镇的文化遗产空间开发方案[96]；Chronis 阐述了关于历史城镇当代建设过程中对于地域文化型的适应策略[97]；Liu 指出“home-stay operators”模式既利于游客获得良好的本地文化体验，又利于实现原住村民的广泛参与[98]；Moon 针对各方保护主体对于地域文化遗产的占有矛盾，提出了改善建议[99]；Amate 利用 GIS 历史数据反演，阐述了西班牙科尔蒂霍地区历史聚落的空间扩散机制，提出了独特的风貌修复见解。

从上述成果来看，针对开发策略的研究，国外已不满足于仅仅就外在的景观风貌修复做出探讨，而更倾向于从社区参与、监管模式、矛盾协调等人文层面提出见解。对国内的启示在于，我们不能满足于个人主观的见解表达，而应更多从原住民参与、自组织激活、地域文脉延续等“内生”层面进行反思。

2.2.5 国外相关研究述评

综合上述梳理，不难看出国外有关演变过程、成因机制、地域特色、开发策略等方面的专题研究更加成熟，也更成体系，无论是视角选择还是方法运用，都更注重与地情实际的契合。概括起来，国外研究视角正逐渐由实体要素分析向人文内涵分析转变，研究方法已由相对纯粹的定性、定量分析转向复合、交叉的多学科综合研究。

反观国内的研究，过多满足于对国外理论或技术的参考，较少关注研究对象的特殊性，某些方面忽略了国内外适用情境的差别。国外研究视野的新颖终究难以弥补中西方文化底蕴的本质差别，即便其在方法、思路上能够提供良性借鉴，但仍需立足于地域本土的文化背景、建构实际进行探索。

参考文献

[1]刘敦桢 . 中国住宅概说 [M]. 天津：百花文艺出版社，2004.

[2]赵明明 . 近现代成都旧城文脉空间演变及当代有机建构策略 [D]. 成都：西南交通大学，2014.

[3]王南希 . 京西门头沟山区村落乡土建筑与景观研究 [D]. 北京：北京林业大学，2014.

[4]肖竞 . 西南山地历史城镇文化景观演进过程及其动力机制研究 [D]. 重庆：重庆大学，2015.

[5]高小琼 . 苏南历史文化城镇群时空演变研究 [D]. 南京：南京师范大学，2016.

[6]王良 . 襄阳城市历史空间格局及其传承研究 [D]. 西安：西安建筑科技大学，2017.

[7]吴丽萍 . 苏州旅游型乡村开发模式与空间演化研究 [D]. 苏州：苏州科技大学，2017.

[8]吕龙，黄震方，陈晓艳 . 乡村文化记忆空间的类型、格局及影响因素——以苏州金庭镇为例 [J]. 地理研究，2018，37（6）：1142–1158.

[9]刘磊 . 传统村落的文脉辨识、提炼及应用——以中原地区为例 [J]. 世界地理研究，2018，27（4）：167–176.

[10]蒋金亮，徐向远，孙东琪，等 . 基于改进空间句法的近代广州古城空间演变研究 [J]. 地域研究与开发，2018，37（3）：54–59.

[11]肖竞，曹珂，李和平 . 城镇历史景观的演进规律与层积管理 [J]. 城市发展研究，2018，25（3）：59–69.

[12]彭一刚 . 传统村镇聚落景观分析 [M]. 北京：中国建筑工业出版社，1992.

[13]王绚 . 传统堡寨聚落防御性空间探析 [J]. 建筑师，2003（4）：64–70.

[14]何峰 . 湘南汉族传统村落空间形态演变机制与适应性研究 [D]. 长沙：湖南大学，2012.

[15]左臣 . 基于复合生态系统的青海郭么日村落空间结构研究 [D]. 西安：西安建筑科技大学，2013.

[16]马宇钢 . 文化景观视角下西南山地历史城镇街巷空间演进研究 [D]. 重庆：重庆大学，2014.

[17]郑东军 . 中原文化与河南地域建筑研究 [D]. 天津：天津大学，2008.

[18]肖竞，李和平，曹珂 . 历史城镇"景观—文化"构成关系与作用机制研究 [J]. 城市规划，2016，40（12）：81–90.

[19]汪民 . 江汉平原水网地区农村聚落空间演变机理及其调控策略研究 [D]. 武汉：华中科技大学，2016.

[20]王云才 . 论景观空间图式语言的逻辑思路及体系框架 [J]. 风景园林，2017（4）：89–98.

[21]杨昌新，许为一，李星鋆 . 基于关联与层累效应理论对福建塔下古村风貌整体保护方法的研究 [J]. 建筑学报，2018（S1）：99–104.

[22]李恒，王向荣 . 都江堰城市景观体系的历史演变与成因研究 [J]. 中国园林，2018，34（6）：30–36.

[23]金其铭 . 太湖东西山聚落类型及其发展演化 [J]. 经济地理，1984（3）：215–220.

[24]陆元鼎，李先逵 . 中国传统民居与文化（第二辑）[M]. 北京：中国建筑工业出版社，1992.

[25]陈志华，李秋香 . 楠溪江中游 [M]. 北京：清华大学出版社，2010.

[26]陈志华，李秋香 . 婺源 [M]. 北京：清华大学出版社，2010.

[27]陈志华，李秋香 . 诸葛村 [M]. 北京：清华大学出版社，2010.

[28]王纪武 . 人居环境地域文化论：以重庆、武汉、南京地区为例 [M]. 南京：东南大学出版社，2008.

[29]孙大章 . 中国民居研究 [M]. 北京：中国建筑工业出版社，2004.

［30］付顺．古蜀区域环境演变与古蜀文化关系研究［D］．成都：成都理工大学，2006.
［31］林志森．基于社区结构的传统聚落形态研究［D］．天津：天津大学，2009.
［32］冯江．祖先之翼：明清广州府的开垦、聚族而居与宗族祠堂的衍变研究［D］．广州：华南理工大学，2010.
［33］刘沛林．中国传统聚落景观基因图谱的构建与应用研究［D］．北京：北京大学，2011.
［34］张以红．潭江流域城乡聚落发展及其形态研究［D］．广州：华南理工大学，2011.
［35］王挺．浙江省传统聚落肌理形态初探［D］．杭州：浙江大学，2011.
［36］农志启．现代环境设计中肌理符号的地域性表达研究［D］．长沙：湖南大学，2012.
［37］朱雪梅，程建军，林垚广，等．粤北古道传统村落形态特色比较研究［J］．南方建筑，2014（1）：38–45.
［38］李睿．西江流域传统村落形态的类型学研究［D］．广州：华南理工大学，2014.
［39］解锰．基于文化地理学的河源客家传统村落及民居研究［D］．广州：华南理工大学，2014.
［40］吴良镛．广义建筑学［M］．北京：清华大学出版社，2011.
［41］阮仪三，邵甬，林林．江南水乡城镇的特色、价值及保护［J］．城市规划汇刊，2002（1）：1–4.
［42］谭良斌，周伟，刘加平．传统民居聚落的生态再生和规划研究［J］．规划师，2005（10）：22–24.
［43］舒科．成都城市空间结构演替与旅游开发优化研究［D］．成都：四川师范大学，2009.
［44］杨斌．基于绿道“基因”移植的城乡空间有机脉络重构模型研究［D］．重庆：重庆大学，2013.
［45］达婷．传统城镇风景空间环境协同研究［D］．北京：北京林业大学，2014.
［46］韦松林．珠江三角洲传统村落形态可控性研究［D］．广州：华南理工大学，2014.
［47］曾光．遗址公园与历史文化名村的“共生”保护策略初探［D］．武汉：华中科技大学，2015.
［48］王丽．重庆市山地传统聚落景观网络构建研究［D］．重庆：重庆师范大学，2016.
［49］崔曙平，于春，何培根，等．江南文化何所寄——江南的历史流变与苏南乡村空间特色保护的现实路径［J］．城市发展研究，2016，23（11）：60–66.
［50］王承华，张进帅，姜劲松．微更新视角下的历史文化街区保护与更新——苏州平江历史文化街区城市设计［J］．城市规划学刊，2017（6）：96–104.
［51］文静．基于“景观基因链”视角下遗址文化景观基因图谱构建及旅游展示的原理［D］．西安：西北大学，2017.
［52］徐刚，马丽丽，杨超．非历史文化名城“文化景观空间体系”构建的规划探索——以汤阴老城更新详细城市设计为例［J］．城乡规划，2018（1）：100–108.
［53］吕红医．传统建筑空间趋同性探源［J］．新建筑，1999（6）：29–31.
［54］郑东军，张玉坤．河南地区传统聚落与堡寨建筑［J］．建筑师，2005（3）：27–40.
［55］朱晓翔．我国古村落旅游资源及其评价研究［D］．开封：河南大学，2005.
［56］宋霞．河南历史文化名镇的景观构成分析［D］．郑州：郑州大学，2006.
［57］郑青．黄土塬上的地下村落河南陕县地坑窑［J］．室内设计与装修，2008（4）：110–113.
［58］刘书芳．中国历史文化名村——临沣寨［D］．开封：河南大学，2008.
［59］王中旸．河南郏县临沣寨古村落的保护与旅游开发［J］．南都学坛，2009，29（4）：138–139.
［60］范晓琳，苗琨，吕锐．古村落保护与发展对策研究——以河南郏县临沣寨为例［J］．华中建筑，2011，29（2）：158–160.
［61］王云娜．可持续发展视角下的历史文化名村保护——以河南省郏县堂街镇临沣寨为例［J］．河南城

建学院学报，2011，20（3）：5-7，21.

［62］李丹丹．历史文化名村的保护和开发问题研究——以河南省郏县临沣寨为例［J］．才智，2013（19）：135-136.

［63］张继珍．类型学在豫西乡村聚落更新与发展中的应用研究［D］．长沙：湖南大学，2010.

［64］唐丽，张晓娟．祖先的印记：黄土塬上的地坑院——以陕县凡村为例谈豫西地坑院［J］．中华民居，2012（4）：58-67.

［65］吕红医，尹亮．豫西地区窑洞民居的人文地理区划及形态特征探微［J］．华中建筑，2010，28（7）：180-182.

［66］张运兴．河南云台山村落旅游资源整合研究［J］．安徽农业科学，2012，40（2）：919-920+975.

［67］左满常，渠滔，王放．中国民居建筑丛书：河南民居［M］．北京：中国建筑工业出版社，2012.

［68］张永超．织补理论在河南郏县历史文化村镇保护及规划中的应用探析［D］．郑州：郑州大学，2013.

［69］陈豪．河南省郏县传统民居建筑文化研究［D］．郑州：郑州大学，2014.

［70］张萍，吕红医．豫北山地民居形态考察［J］．华中建筑，2014，32（4）：126-130.

［71］段晨．具有地域环境特征的河南民居文化［J］．科技视界，2014（13）：351-352.

［72］Czetwertynski-Sytnik L，Koziol E，et al.Settlement and Sustainability in the Polish Sudetes［J］.Geo Journal，2000，50（2-3）：273-284.

［73］Saleh M A E.Value Assessment of Cultural Landscape in Alckas Settlement，Southwestern Saudi Arabia［J］.AMBIO，2000，29（2）：60-66.

［74］Skowronek E，Krukowska R，Swieca A，et al.The Evolution of Rural Landscapes in Mid-eastern Poland as Exemplified by Selected Villages［J］.Landscape and Urban Planning，2005，70（1）：45-56.

［75］Pardo J M F，Guerrero I C. Subterranean Wine Cellars of Central-Spain（Ribera deDuero）：An Underground Built Heritage to Preserve［J］.Tunnelling and Underground Space Technology，2006（21）：475-484.

［76］Wulandari L D. Typology and Morphology of Spatial Settlement in the Traditional Village of Penglipuran，Bali［J］.International Journal of Academic Research，2010，2（1）：321-325

［77］Nackoney J，Rybock D，Dupain J，et al.Coupling Participatory Mapping and GIS to Inform Village-level Agricultural Zoning in the Democratic Republic of the Congo［J］.Landscape and Urban Planning，2013（110）：164-174.

［78］Melendez-Pastor I，Hernández E I，Navarro-Pedreño J，et al.Socioeconomic Factors Influencing Land Cover Changes in Rural Areas：The Case of the Sierra de Albarracín（Spain）［J］.Applied Geography，2014，52：34-45.

［79］白吕纳．人地学原理［M］．任美锷，李旭旦，译．南京：钟山书局，1935.

［80］Ruda G.Rural Buildings and Environment［J］.Landscape and Urban Planning，1998，41（2）：93-97.

［81］Moreira F. Temporal（1958-1995）Pattern of Change in a Cultural Landscape of Northwestern Portugal：Implications for Fire Occurrence［J］. Landscape Ecology, 2001，16（6）：557-567.

［82］Paquette S，Domon G. Changing Ruralitues，Changing Landscapes：Exploring Social Recomposition Using a Multi-scale Approach［J］.Journal of Rural Studies，2003，19（9）：425-444.

［83］Marshall S.Streets & Patterns［M］.New York：Spon Press，2005.

[84] Iiyama N，Kamada M，Nakagoshi N.Ecological and Social Evaluation of Landscape in a Rural Area with Terraced Paddies in Southwestern Japan［J］.Landscape and Urban Planning, 2005, 70（3）：301–313.

[85] Solana M.Rural Gentrification in Catalonia，Spain：A Case Study of Migration，Social Change and Conflicts in the Empordanet Area［J］.Geoforum，2010，41（3）：508–517.

[86] Bański J，Wesołowska M.Transformations in Housing Construction in Rural Areas of Poland' s Lublin Region–Influence on the Spatial Settlement Structure and Landscape Aesthetics［J］.Landscape and Urban Planning，2010，94（2）：116–126.

[87] Nash C J.The Age of the "Post–mo"? Toronto' s Gay Village and a New Generation［J］.Geoforum，2013，49：243–252.

[88] Tempesta T，Vecchiato D，Girardi P. The Landscape Benefits of the Burial of High Voltage Power Lines：A Study in Rural Areas of Italy［J］.Landscape and Urban Planning，2014，126：53–64.

[89] 富田芳郎 . 台湾聚落的研究［M］. 台湾：清水书局，1936.

[90] 原广司 . 世界聚落的教示 100［M］. 于天祎，等译 . 北京：中国建筑工业出版社，2003.

[91] 藤井明 . 聚落探访［M］. 宁晶，译 . 北京：中国建筑工业出版社，2003.

[92] Marja U.Differences in Tourists' and Local Residents' Perceptions of Tourism Landscapes：A Case Study from Ylläs，Finnishlapland［J］.Scandinavian Journal of Hospitality & Tourism，2010，10（3）：310–333.

[93] Hardy S D，Koontz T M.Collaborative Watershed Partnerships in Urban and Rural Areas：Different Pathways to Success［J］. Landscape and Urban Planning，2010，95（3）：79–90.

[94] Brown G，Brabyn L.An Analysis of the Relationships between Multiple Values and Physical Landscapes at a Regional Scaleusing Public Participation GIS and Landscape Character Classification［J］.Landscape & Urban Planning，2012，107（3）：317–331.

[95] Medina L K. Commoditizing Culture：Tourism and Maya Identity［J］.Annals of Tourism Research，2003，30（2）：353–366.

[96] Winchester H P M，Role M W. Christmas in the Valley of Praise：Intersections of the Rural Heritage and Community in Lobethal，South Australia［J］. Journal of Rural Studies，2005（21）：265–279.

[97] Chronis A.Co–constructing Heritage at the Getty Sburg Story Scape［J］.Annals of Tourism Research，2005，32（2）：386–406.

[98] Liu A.Tourism in Rural Areas：Kedah，Malaysia［J］.Tourism Management，2006，27（4）：878–888.

[99] Moon O.Hahoe：The Appropriation and Marketing of Local Cultural Heritage in Kore［J］.Asian Anthropology，2012，4（1）：1–28.

3 中原传统村落的遗存特点和开发现状

3.1 遗存特点

“中原”一词，早先并非是表示地域的词汇。春秋时期，其多被用于口语中，对“平原”有“瞻彼中原，其祁孔有”“中原有菽，庶民采之”的记述。很明显，这里的“中原”有“原中”“原野”之意，并不特指某一区域。春秋后期，中原才逐渐转变为表述地域的概念。《左传・僖公二十三年》载：“晋、楚治兵，遇于中原。”《孙子・作战篇》曰：“力屈才殚，中原内虚。”西汉《毛诗》云：“藿生原中。”在东汉郑玄的《毛诗》笺注中也有“中原，原中也”的记载。此后，在三国时期诸葛亮的《出师表》中有：“当奖率三军，北定中原。”《北史・任城王澄传》又道：“因兹大举，光泽中原。”《明实录・永乐十四年》亦云：“伏维北京，南俯中原。”上述文献中的“中原”，皆是指黄河中下游一带的平原区域。及至东晋，用于地理概念的“中原”已为人们广泛接受。六朝时期，“中原”更成为用以区别边疆地区的专有地理名词。

从古至今，中原所辖的地域范围曾发生过数次重大变化。春秋至两汉时期，中原指黄土高原东部和华北平原中部一带地区；自唐伊始，其范围已扩展到整个华北平原及黄土高原的大部；南宋时期，中原又囊括了长江中下游平原的大部分地区。如今，中原更有“狭义”与“广义”之别：狭义“中原”一般特指河南省及其邻近的少数区域；广义“中原”则可泛指含河南、江西、安徽、湖南、湖北省份[1]。需特别说明的是，本书研究所论及的“中原”皆指“狭义中原”。

3.1.1 地域圈属

“狭义中原”所指的河南省，处于我国南北地貌的过渡地带，其整体地势西高东低，北、西、南三面环山[3]，中、东部为黄河、淮河冲积而成的南华北平原，西南部为南阳盆地，地形反差强烈。其中，平原、山地、丘陵分别占到总面积的55.7%、26.6%、17.7%[2]，地貌条件的不同直接导致了中、东部平原地带，以及西、南、北部山地或丘陵地带的传统村落风貌存在差异。（图 3-1 ～图 3-3）

根据河南省的一级行政区划，河南分为豫中、豫东、豫西、豫南、豫北 5 区。豫中地区，主要包括郑州、许昌和新郑；豫东地区，主要包括商丘、开封、周口 3 市以及永城市、鹿邑县、兰考县在内的省直管县（市）。豫西地区，主要包括洛阳、三门峡、平顶山 3 市。豫南地区则有广义和狭义之分，其中广义“豫南”又有“八市”和“三市”两种分类习惯：“八市”之说，是指信阳、漯河、南阳、平顶山、周口、商丘、许昌、驻马店 8 市；“三市”之说，是指南阳、信阳、驻马店 3 市。而狭义“豫南”，一般特指河南省最南端的信阳地区。豫北地区，主要包括安阳、新乡、焦作、濮阳、鹤壁、济源 6 市。

注[3]：河南全省分属华北板块和秦岭褶皱带两大地质构造单元，这两大构造单元之间的三大断裂带，即西南部的伏牛山主脊断裂带、大别山北麓断裂带和西北部的太行山断裂带控制了全省的大地构造格局。

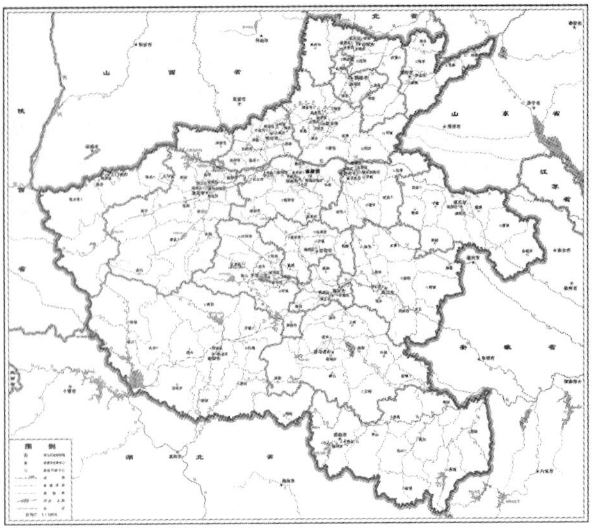

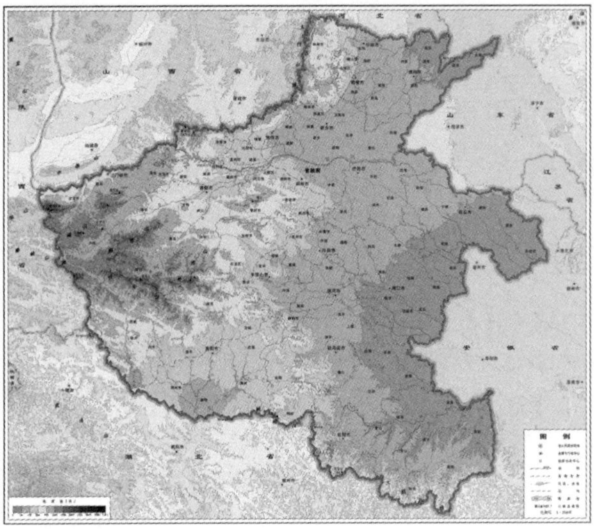

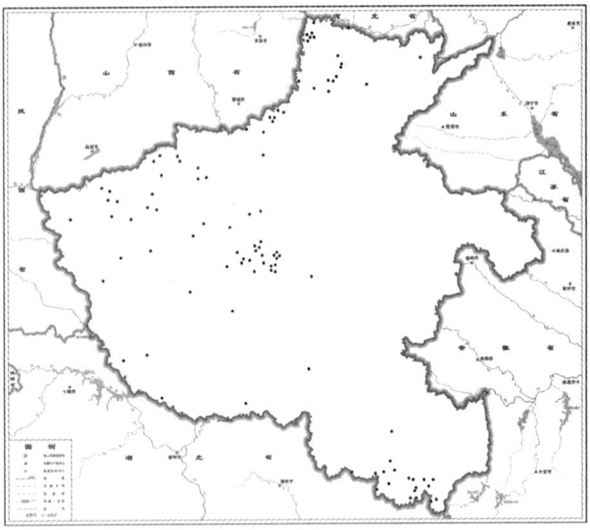

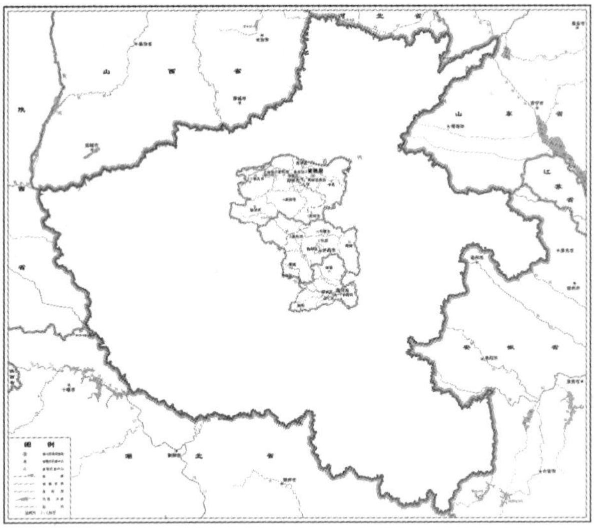

图 3–1　河南省行政区划图（左上），图片来源：河南省测绘地理信息局，审图号豫 S（2019 年）014 号

图 3–2　河南省地形图（右上），图片来源：河南省测绘地理信息局，审图号豫 S（2019 年）015 号

图 3–3　河南地区传统村落分布（左下），图片来源：底图源自河南省测绘地理信息局

图 3–4　豫中地区区位（右下），图片来源：底图源自河南省测绘地理信息局

3.1.1.1　豫中地区

豫中地区位于河南省中部，历史悠久，主要包括“中国八大古都”之一的郑州、中华人文始祖黄帝故里的新郑、“闻听三国事，每欲到许昌”的许昌。丰富的人文资源令豫中地区产生了许多珍贵文物遗存。（图 3–4 ~ 图 3–6）

3.1.1.2　豫东地区

豫东地区是中华文明的重要发祥地之一，也是黄河文明的主要始源地（图 3–7、图 3–8）。在氏族联盟的母系社会时期，伏羲女娲氏政权的第 26 任帝、大伏羲氏族的首任帝栗陆氏伏安即降生并建都于商丘夏邑；人皇伏羲建都、安葬于周口淮阳；燧人氏、神农氏、高辛氏、颛顼氏又曾先后在商丘建都；上古“五帝”之一的帝喾建都于南亳（今商丘）；夏朝中期，少康定都纶邑（今商丘市夏邑县）；商朝发源于商丘，

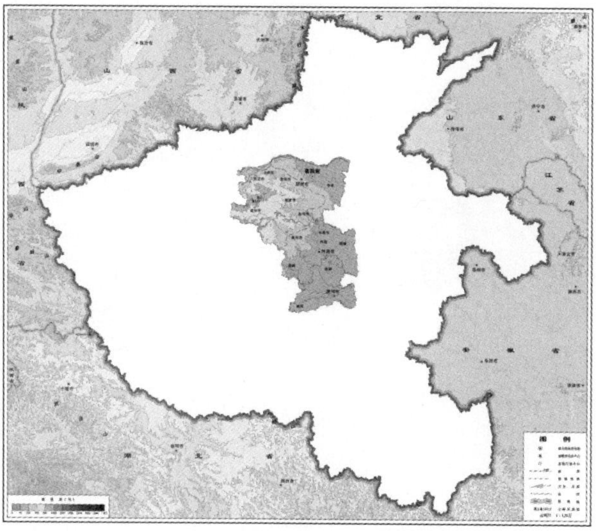

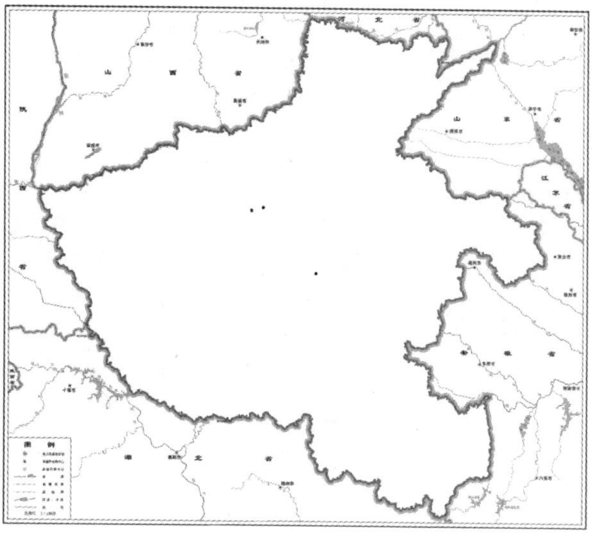

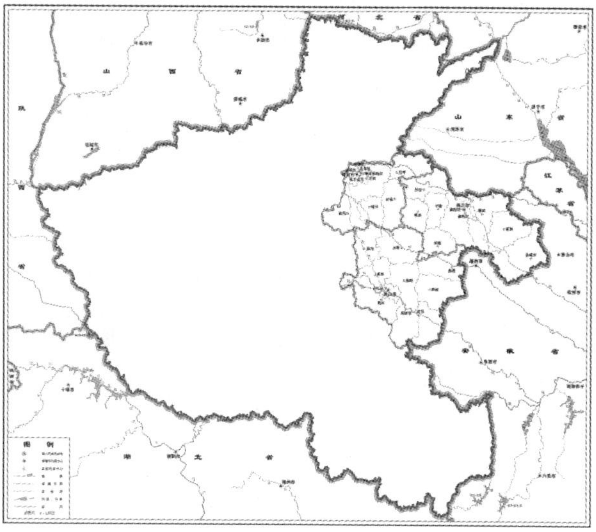

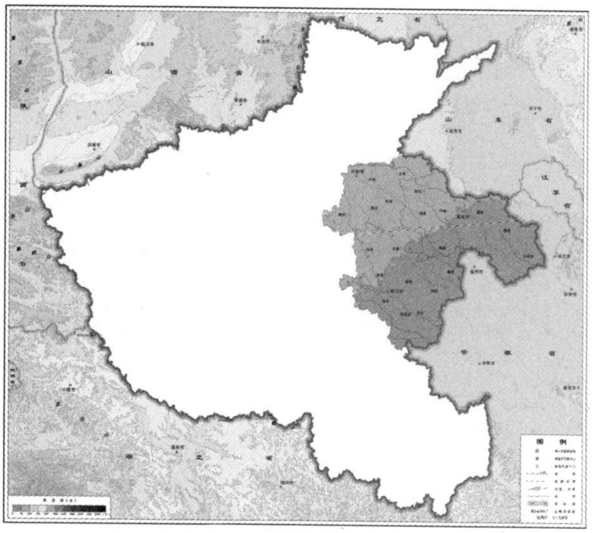

图3-5　豫中地区地形（左上），图片来源：底图源自河南省测绘地理信息局

图3-6　豫中地区传统村落分布（右上），图片来源：底图源自河南省测绘地理信息局

图3-7　豫东地区区位（左下），图片来源：底图源自河南省测绘地理信息局

图3-8　豫东地区地形图（右下），图片来源：底图源自河南省测绘地理信息局

同样在商丘建都；周朝时期，宋国定都商丘，陈国建都株野（今商丘柘城），魏国建都大梁（今开封），楚国建都淮阳；陈胜建立的张楚政权定都于陈县（淮阳）；汉朝时，梁国建都于商丘睢阳；宋朝虽在东京（开封）建都，但仍将商丘作为陪都“南京”；金朝又以开封为都，时称“南京”；金朝后期，又先后在开封、商丘定都；自元朝至新中国成立初期，开封一直是河南省的政治、经济和文化中心。

3.1.1.3　豫西地区

豫西地区西接陕西、东靠中原、北依太行、南邻黄河，主要包括“十三朝古都”的洛阳、平顶山和三门峡（图3-9 ~图3-11）。该地区在上古时期曾孕育出辉煌的裴李岗文化、仰韶文化和龙山文化。进入封建社会，豫西地区的建制归属变换频繁：洛阳是周天子的统治中心，三门峡地区建虢国，平顶山为应国；中古时期，豫西归属豫州，而洛阳和三门峡分

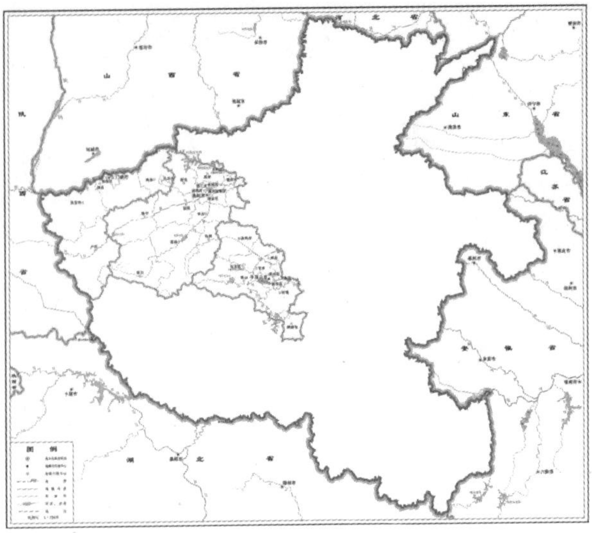

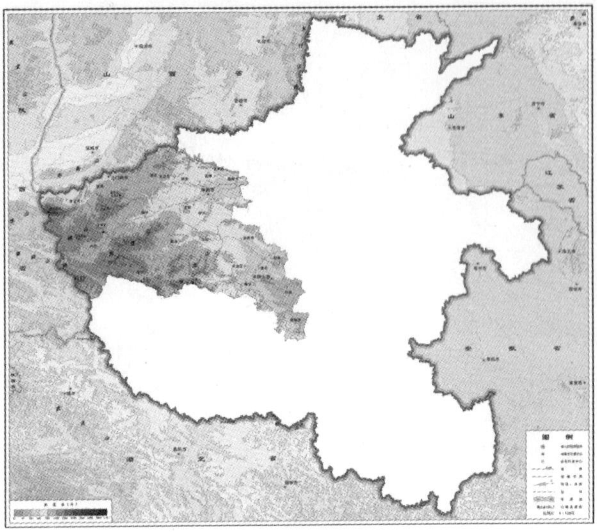

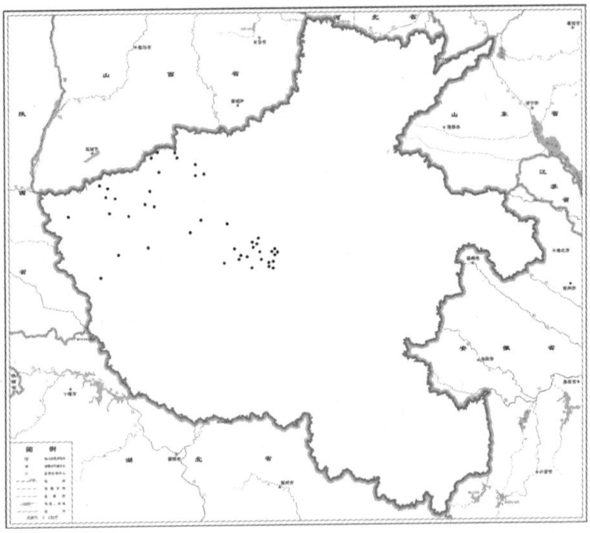

图 3-9 豫西地区区位（左上），图片来源：底图源自河南省测绘地理信息局

图 3-10 豫西地区地形图（右上），图片来源：底图源自河南省测绘地理信息局

图 3-11 豫西地区传统村落分布（左下），图片来源：底图源自河南省测绘地理信息局

别归河南府、河南郡管辖，平顶山分属颍川郡、三川郡和南阳郡，汉朝时改三川郡为河南郡，北部仍属颍川郡；晋析颍川置襄城郡，平顶山属河南郡、襄城郡、南阳郡；南北朝时，先后分属鲁阳郡、襄城郡、南安郡、汝北郡、汝南郡、顺阳郡、汉广郡；近古时期，洛阳属河南道，三门峡属豫西道管辖，平顶山属河洛道、汝阳道，后分属豫南道、豫东道、豫西道。

3.1.1.4 豫南地区

广义“豫南”，主要包括信阳、漯河、南阳、平顶山、周口、商丘、许昌、驻马店 8 市，故有“豫南八市”之称；若按生活习惯和气候来划分，狭义的“豫南”则单指河南最南端的信阳地区（图 3-12 ～图 3-14）。信阳是中华文明重要的发祥地之一，素有“北国江南，江南北国”之美

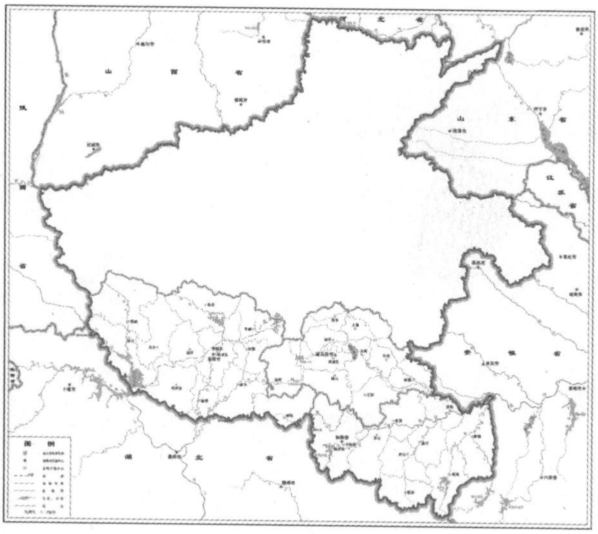

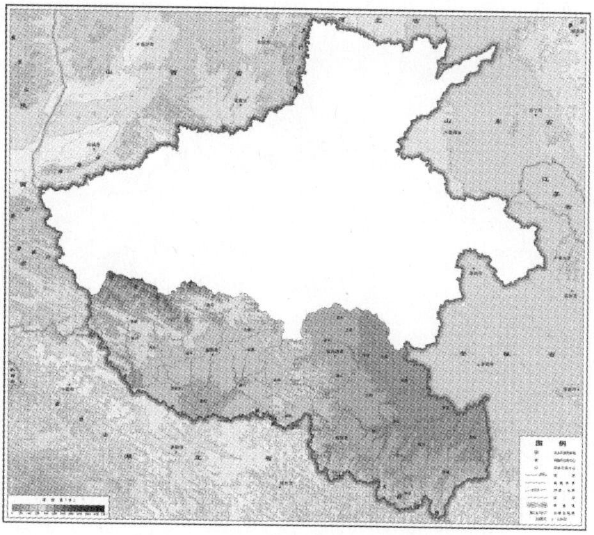

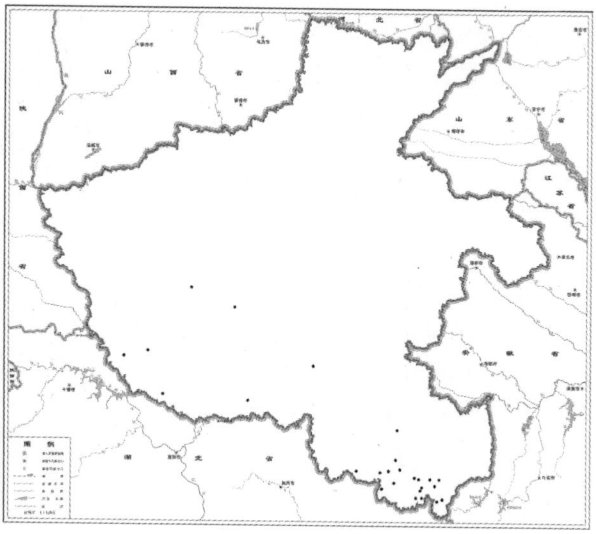

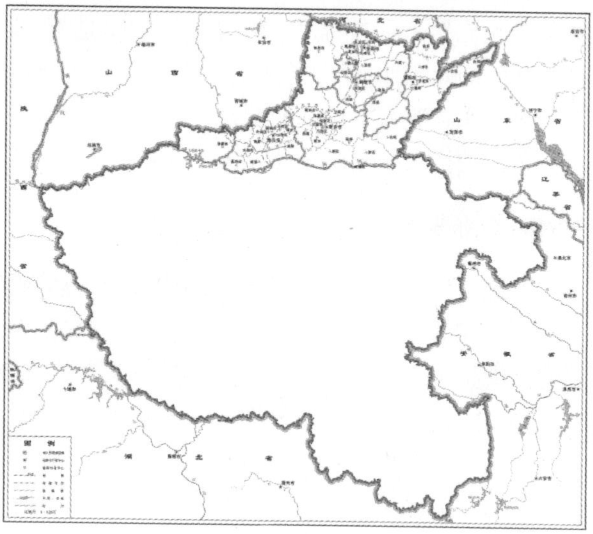

图 3–12　豫南地区（左上），图片来源：底图源自河南省测绘地理信息局

图 3–13　豫南地区地形图（右上），图片来源：底图源自河南省测绘地理信息局

图 3–14　豫南地区传统村落分布（左下），图片来源：底图源自河南省测绘地理信息局

图 3–15　豫北地区区位（右下），图片来源：底图源自河南省测绘地理信息局

誉，曾涌现出黄歇、孙叔敖、司马光、许世友、邓颖超等著名的历史人物。南阳地处豫、陕、鄂交界处，是西汉时的六大都会之一，同时也是中国首批对外开放的历史文化名城之一和国务院命名的第二批历史文化名城，是全国楚文化与汉文化最为集中的地区之一，素有“南都”“帝乡”之称。

3.1.1.5　豫北地区

豫北地区西依太行山，与晋东南的长治、晋城交界，北靠冀中南，与河北邯郸毗邻，南面黄河，东连鲁西北，与冀中南地区、鲁西北地区共同组成了华北平原，主要包括安阳、新乡、焦作、濮阳、鹤壁、济源 6 市。其中，安阳是我国的“七大古都”之一，周易文化和甲骨文文化在这里发祥；新乡曾出现过共工治水、鸣条之战、姜尚垂钓、牧野大战、官渡之战、杏坛讲学等著名历史事迹；焦作是太极拳的发源地，也是裴李岗文化、仰韶文化和龙山文化的主要遗存地；“杂技之乡”濮阳于 2012 年

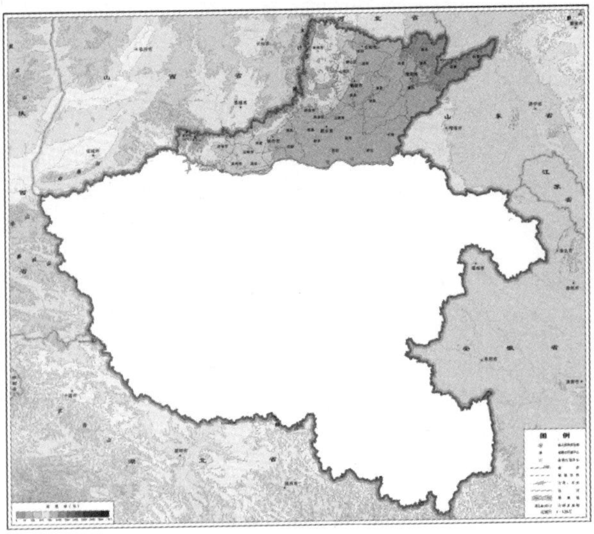

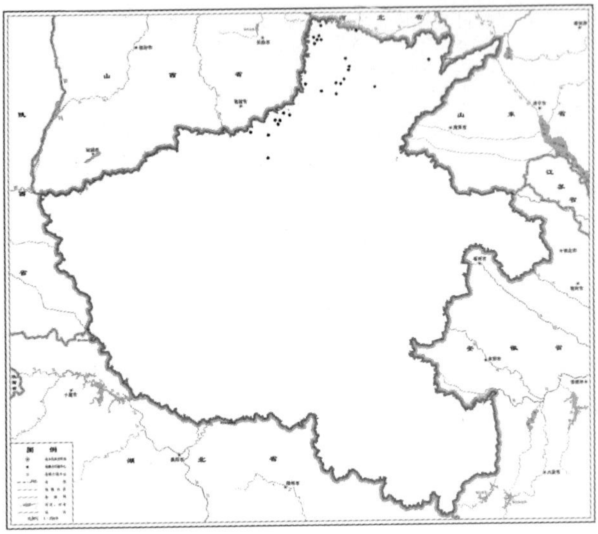

图 3-16　豫北地区地形图（左），图片来源：底图源自河南省测绘地理信息局

图 3-17　豫北地区传统村落分布（右），图片来源：底图源自河南省测绘地理信息局

被中国古都学会命名为“中华帝都”，这里是卢、张、范、姚、秦、顾、孟、骆等姓氏的起源地；鹤壁曾先后作为商朝和战国时期赵国的都城，是林、石、卫、康、殷等姓氏的起源地；济源是举世闻名的“愚公故里”，“四渎”之一的济水便发源于此（图 3-15 ~ 图 3-17）。

3.1.2　分布规律

在聚居生活的最初结成阶段，中原地区的早期聚落分布整体呈现“大分散、小聚集、小规模”的状态[3]。受到自然条件的限制，在地广人稀的广阔生态空间中孕育的中原地区早期聚落大体呈现条状和块状两种分布类型。呈条状分布的早期聚落一般出现在峡谷、河道、盆地、山丘等有明确地貌变化的自然环境之中，又以豫西和豫南地区居多，通常表现出较为明显的集中趋势[3]；呈块状分布的早期聚落一般出现在平原、浅丘等地貌差别不大，自然阻碍较小的开阔环境之中，又以豫中地区居多，通常表现为较为松散的格局形态（图 3-18）。

利用 ArcGIS10 软件，把河南境内的 4 批传统村落地形图相叠加，能够观察到其分布存在一定的规律性，即地域分布密度与自然地貌条件紧密关联，呈现明显倒 U 形（图 3-19）。

从数量上看，西多东少、边缘多中部少，且数量依山区、丘陵、平原、盆地的地貌变化递减。从分布形态来看：东部 3 市没有传统村落；在豫西、豫南、豫北的山地和丘陵地区，传统村落呈相对集中的条带状分布；在豫中、豫东的平原地带，传统村落的分布则相对均匀。

从疏密程度来看，豫西地区的综合分布密度最大，豫中和豫东地区的综合分布密度最小，豫北地区的综合分布密度接近全省平均值，豫南地区的综合分布密度稍低于全省平均值。传统村落遗存分别在豫西的平顶山一带，豫北的安阳、鹤壁、焦作一带，豫南的信阳一带，各自形成了较为明显的汇集区。

图 3-18　多种力作用下的聚居形态，图片来源：吴良镛．人居环境科学导论［M］．北京：中国建筑工业出版社，2001：290.

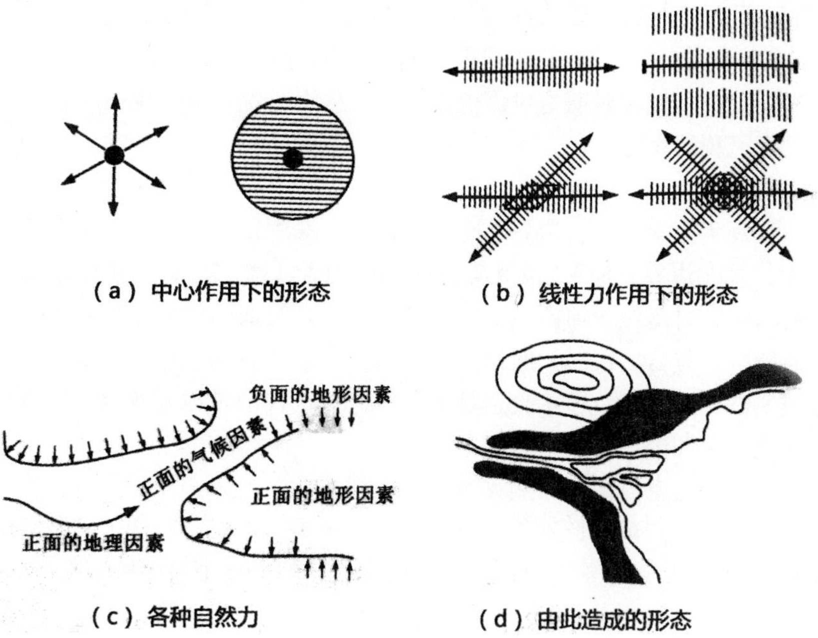

图 3-19　三大传统村落汇集区，图片来源：底图源自河南省测绘地理信息局

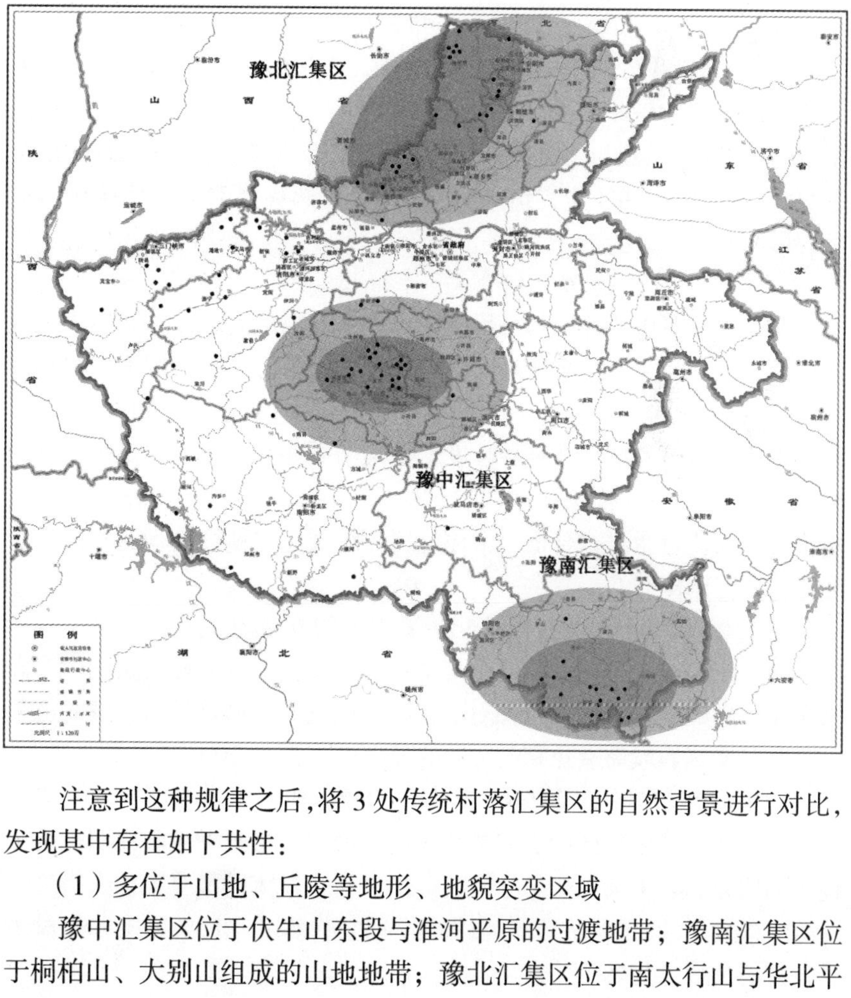

注意到这种规律之后，将 3 处传统村落汇集区的自然背景进行对比，发现其中存在如下共性：

（1）多位于山地、丘陵等地形、地貌突变区域

豫中汇集区位于伏牛山东段与淮河平原的过渡地带；豫南汇集区位于桐柏山、大别山组成的山地地带；豫北汇集区位于南太行山与华北平

原的交界地带。以地处太行山大峡谷的安阳市林州任村镇为例，虽然特殊的山地地貌不利于农耕，也会对村民的出行和村落的发展造成影响，但却在天灾、战乱时期为村落提供庇护，从而一定程度上保持了传统村落景观风貌的完好。

（2）多位于行政区划的交界之处

景观生态学认为，边界具有异质性，容易因信息、资源等要素的汇聚而引发“边界效应”。该效应也同样适用于人类聚居，以焦作市寨卜昌村为例，村落位于河南与山西两省的交界，交通的便利使得两省文化在此融合，方言、民居、服饰、饮食……几乎所有的风貌形态都带有极其鲜明的交融特征。事实也正是如此，这里自古便是地方政权极为重视的交通要塞和中原重镇。

（3）分布密度多与自然灾害的影响有关

因一马平川的平原地貌所限，加之“善决、善淤、善徙”的黄河中下游洪涝影响，豫东地区出现了传统村落遗存与文化丰厚的极不平衡性。据《元史·王行志》记载，元末至正元年到至正二十六年，中原地区几乎每年都会发生特大的洪涝灾害。至正四年（1344年），黄河在曹州、汴梁等地决口3处，人民游移高达45.8万户。燕、赵、齐、鲁及苏北、皖北一带人迹荒凉。直至明朝初期，山东、河南、河北一带还多是无人之地。以开封为例，此地虽贵为“八朝古都”，但没有一处国家级传统村落遗留[4]。可反观与之毗邻的驻马店和信阳，传统村落的遗存数量多达20余处（驻马店1个，信阳19个）[5]。自然灾害对当地传统村落遗存的影响可见一斑。

（4）多与官方政策的控制有关

鉴于洪灾对中原等地的可怕影响，明朝时期，我国发生了历史上规模最大、时间最久、涉及面最广的官方有组织移民——洪洞大槐树移民[洪武三年（1370年）至永乐十五年（1417年）]。这种做法是出于统治者对王朝统治的考虑，在某种程度上也说明了如今中原地区传统村落的遗存年代多为明清时期的原因[6]。

再从文化背景进行分析，中原地区传统村落之所以出现这样的分布规律同样绝非偶然：

（1）3处汇集区都是中原文化主要支脉的发源地

豫中汇集区是始祖文化和黄帝文化的发源地，其中始祖文化主要以根文化、姓氏文化为代表；豫南汇集区是荆楚文化的发源地；豫北汇集区是女娲文化、殷商文化和龙文化的发源地（图3-20）。

（2）3处汇集区皆属史前人类文化的诞生地

以豫北和豫中地区的裴李岗文化进行说明，根据“中华文明探源工程”的研究，裴李岗文化是中原地区迄今为止发现的最早史前人类文化（图3-21），它兴起于新石器时代的黄河中游地区，是早期中原先民最早开创的地域文化之一[4]。

注[4]：历史上，中原地区的黄河大堤曾数次因战争、气候等原因而被掘开，开封即是遭受洪灾肆虐最为严重的地区之一，年代久远的普通民居建筑早已被埋没在厚厚的黄沙下面。

注[5]：1975年8月，淮河上游的河南省驻马店地区一场大雨，造成了9县1镇，东西150km、南北75km范围内一片汪洋。

注[6]：除此原因外，还有传统木构建筑难于保存的原因存在。在封建社会，普通民居，尤其是村落一级的普通民居地位远远不及寺庙和宫殿，难以得到定期的修缮，且木构建筑本就容易遭受火灾、虫蛀的损害，所以保存难度较大。

图 3-20 核心文化发源地，图片来源：底图源自河南省测绘地理信息局

图 3-21 裴李岗文化在中原地区的分布，图片来源：河南省博物馆

3.1.3 风貌意象

3.1.3.1 建制沿革

生产力的发展和农耕文明的出现是中原地区传统村落的产生基础。据考古学研究证实，史前时期这里所广泛存在的大量龙山文化和仰韶文化遗址即是中原地区传统村落的雏形。

夏朝初期，中原地区开始出现作为“卫君、守民”之用的大规模聚居点和防御性城堡，随着商品交换和社会分工的进一步扩大，它们开始向早期的城镇过渡。

据史料记载，公元前 16 世纪，以中原为疆域中心的商朝先后迁都 7 次[5]，其中有 4 次发生在河南[7]。在今天已知的 70 多个商代城邑中，有 30 多个都位于河南境内。这一时期，单纯的固定聚居点已经逐渐转化为具有一定规模的城、邑了，它们中的大部分后来又演变为今天的建制镇。

周朝是奴隶制社会的全盛时期。周成王七年（公元前 1036 年），周公姬旦营建洛邑，建王城（今洛阳市区）和下都（今洛阳白马寺镇东）二城。东周末期，那些于西周初期先后分封的 1200 余个大小诸侯国仅剩 140 多个，其中 50 余个位于河南境内。

春秋至战国时期，河南已拥有大小城邑 200 余个，经诸侯战乱或兼并后只剩 100 多个。由历史记载可知，此时的城邑规模较之以往有所扩大：魏都大梁（今开封市）面积超过 $10km^2$，另如宋都的睢阳、韩都的阳翟、楚都的宛陈等城邑，占地范围也均超过了 $5km^2$。

及至秦朝，广泛推行郡县制。东汉末年，除洛阳城外，河南境内的郡县级城镇已达 150 余座，最初的一批小型集市现已逐渐发展为包含都城、郡府、县城、集镇等类型的完整城镇体系。

魏晋南北朝时期，社会动荡使中原各地的村镇建设遭到不同程度的破坏。但由于隋唐时期京杭大运河的开凿，沿线的宋州（今商丘）、淮阳、朱仙镇、周口镇趁机得到了发展。例如，乘贾鲁河水运而兴的朱仙镇，至明清时期已发展为与汉口、佛山、景德镇齐名的“四大名镇”。如滑县道口镇、唐河县赊店镇、河内县（今博爱县）清化镇、内黄县楚旺镇、固始县三河尖镇等，都曾是享誉国内的清代名镇。

从清朝末期到 1949 年新中国成立前夕，随着中原经济的大幅衰败，在当时仅存的 128 个城镇（县）中，人口超过 10 万的只有开封（24 万）和郑州（15 万），其余绝大部分都是不足万人的小型村镇[6]。

3.1.3.2 “相似”意象

（1）表征肌理的“相似”意象

中原地区的自然地貌虽以平原为主，平原、山地和丘陵 3 类地貌分别占到了 55.7%、26.6%、17.7%，但地貌环境的差异并没有令传统

注[7]：这 4 个都城为傲（亦作嚣，今郑州市）、相（今内黄县）、邢（或作耿，今温县）、殷（今安阳市郊）。

村落的风貌出现显著不同，其表征肌理仍然体现出一定的相似性。造成这种相似性的原因将在后续章节中详细论述，在此仅对主要原因进行简要概括。

首先，共同的建设动机。由于中原大多数地区皆不具备崖、岭、河、谷、涧、沟、林、洞等天然的防御优势，生长于中、东部平原地带的一干村落虽坐拥良田之便，但却同样面临无险可守的尴尬境地。为保证安全，这些村落只能依靠人工建设的防御设施进行弥补，于是，中原地区最为常见的堡寨式村落应运而生。

其次，相近的资源条件。仍以堡寨式村落为例进行说明，鉴于自然资源、风貌条件、建设思想、地域审美等前提的趋同，这些堡寨式村落多拥有相似的格局形态，比如：都具有河（护城河）、墙（城墙）两道防御体系；配有寨门、吊桥、炮楼、瞭望台等附属设施；多呈南北向的方形布局；路网结构多由一条主路或十字街构成，辅路多采用断头、丁字转角（临沣寨）、"S"形（陶城镇）等形式……

再次，相似的地域称谓。据调研，在豫中地区的密县一带，仅明清时期的堡寨式村落遗存就达 387 个，占全县村庄总数的 25%；在豫东地区的鹿邑一带，仅以"寨"命名的村落就有 31 个；豫西地区的洛宁一带，现存堡寨式村落（含遗址）300 余处[7]。

最后，相似的建设习惯。生长于豫西、豫南、豫北山地或丘陵地带的传统村落，建设习惯颇为类似。比如：多会在沟口、峪口处横筑寨墙，俗称"打寨"；多在村外加以围护，以木栅为材料的俗称"寨圩子"，以黄土夯打的俗称"打塞"；多将护寨河建于圩子下方，开凿成宽数丈的水沟，俗称"寨海子"。（图 3–22、图 3–23）

图 3–22　信阳毛铺村的门楼和街巷，图片来源：自摄

图 3-23 信阳丁李湾村的门楼和街巷，图片来源：自摄

从以上特征来看，中原地区传统村落的风貌似乎真如外界所说——“模糊”而“辨识度低下”，但实际上，这是一种常见的误解，其原因既有关于自然灾害的毁坏，又有关于文化的特质。在后续章节的论证中，将详细阐述对其风貌特征的解读。

（2）文化习俗的“相似”意象

中原地区传统村落虽因区划背景、资源条件等因素的不同而各具特点，中原文化又在传播过程中与不同地域的自然背景结合，衍生出了如姓氏文化、黄帝文化、龙文化等多彩多姿的地域文化子项。虽然这些地域文化的表现形式不尽相同，但却终究同根于传统农耕生活的载体语境，因此，中原地区传统村落风貌意象的另一表现便体现在相似的生活习俗之中。

首先，相似的神性文化主题。除新县西河大湾村的大圣庙、开封地区的岳飞庙、新乡卫辉的比干庙、禹州神垕镇的窑神庙等特殊孤例外，中原地区传统村落中随处可见如龙王庙、观音庙、土地庙、三官庙、奶奶庙等建构形态，尽管其供奉神祇、祭拜流程有所区别，但从主题来看，却都与农耕生活、特有资源等神性文化主题有关。（图 3-24、图 3-25）

其次，相似的宗族文化规约。作为宗族文化的典型体现，祠堂是村落中极为常见的建构类型（图 3-26、图 3-27）。通常而言，宗祠有大小之分，而在中原地区的传统村落中，各地祠堂的形制基本大同小异[7]：大型祠堂，通常设有月台、大门、二门、过厅、戏楼、正堂、后寝、左右厢房、临街房等，有的还配以甬道、松柏、石狮、匾额、碣石等陈设，如豫北焦作寨卜昌村；小型祠堂，一般仅为一间，内设高、曾、祖、考四世神主的龛位[8]。有趣的是，除全族共同供奉的总祠与各家分奉的分祠外，

注[8]：民间习俗中的“祖宗十八代”是指：自己上下各九代的宗族成员。上序依次为：父母、祖、曾祖、高祖、天祖、烈祖、太祖、远祖、鼻祖；下序依次为：子、孙、曾孙、玄孙、来孙、晜孙、仍孙、云孙、耳孙。从小到大的顺序简称为：耳、云、仍、晜、来、玄、曾、孙、子、父、祖、曾、高、天、烈、太、远、鼻。

图 3-24　神垕地区的“关爷庙”，图片来源：自摄

图 3-25　神垕地区的“娘娘庙”，图片来源：自摄

在新县周河乡还存有一座罕见的“五姓宗祠”。据当地百姓介绍，周河乡在道光年间尚为周河村，当地的邬、晏、李、陈、杨五姓都是小户人家，为反抗大姓望族的欺凌，经协商后决定在马山岭联合建立一座祠堂，大门横匾上书“五姓宗祠”字样。

最后，相似的空间节点功能。中原地区传统村落的空间功能相似性主要体现在井、塘和场 3 类节点。水井在中原古已有之，《周易》中的“井卦”即是对中原地区“凿井而饮，耕田而食”的真实生活写照[9]。塘，在中原地区传统村落中多作储水之用，又有临水和不临水之别，临水之塘称“塘”，以豫南地区为最多，不临水之塘称“坑”，多见于豫中、豫

注[9]：黄河流域的最早凿井记录始见于汤阴白营遗址、洛阳锉李遗址、临汝煤山遗址出土的龙山文化时期木构方型井和竖穴土井。

图 3-26 寨卜昌村的王氏祠堂入口，图片来源：自摄

图 3-27 西河大湾村的张氏祠堂入口，图片来源：自摄

西等地[10]。场,即粮场,一般用于打、晒粮食。中原地区传统村落中的"场"多分为公用和私用：公用的场又有数家公用和全村公用之别，一般面积较大，形态以长方形和方形居多，多设在村内（山区或丘陵地带）或村外（平原地带）[8]。私用的场多为各家所有，一般面积较小，有墙围护的称为"场院"，多紧临各家宅院。

注[10]：事实上，塘又有饮水、洗涤、建筑、抗旱、种植之用。在豫南地区，塘的使用有严格区分，信阳息县夏庄乡大金店村即规定，"东塘淘米洗菜、西塘涮屎盆尿罐、南塘洗衣涤物"。

3.2 开发状态

近年来，随着传统文化的振兴，中原地区的遗产保护意识较之以往有了不小的提高，党和地方政府愈加重视对传统村落的保护和开发工作。河南省委省政府专门制定了以“历史底蕴挖掘、地域元素融入”为核心的“美丽河南”建设方略，而在“中原经济区”建设中，“华夏历史文明传统创新区”又被列为需重点建设的内容子项之一。对于当地传统村落的开发现状，本书从保护等级、开发进度两个方面进行简要概述。

3.2.1 按保护等级

从保护等级来看，本书将中原地区的传统村落分为重点保护型、一般保护型、自主保护型和基本废弃型4类（图3-28 ~图3-31）。

（1）重点保护型村落

重点保护型村落以历届国家级“传统村落”“历史文化名村”“景观村落”等名录内村落为主。该类村落普遍具有相对完整的物质遗存状态，地域特色也较为鲜明[11]，它们以平顶山郏县临沣寨村、焦作博爱县寨卜昌村、巩义康百万庄园、安阳马氏庄园、信阳新县西河大湾村等为代表。

重点保护型村落的发展优势在于：首先，有上级拨配的专项资金支持，受专项法律条款保护，设专人或专职机构监管；其次，享有单独的保护或开发预案，其风貌形态、资源遗存皆能够得到更加系统、及时的整治与控制；最后，因遗留、测绘或研究所需的前期资料较为完整（如图纸、文献等），更易获得社会开发机构、投资主体的垂青，先期及二次发展机会较多。

（2）一般保护型村落

一般保护型村落以历届省市级“传统村落”“历史文化名村”“景观村落”等名录内村落为主。该类村落的物质遗存状态相对完整，地域文化特色相对鲜明，但却在整体数量或价值总量上稍逊于重点保护型村落，它们以洛阳栾川县潭头镇拨云岭村、平顶山冢头镇柏坟周村、安阳林州石板岩乡草庙村、新乡辉县沙窑乡郭亮村等为代表。

相较重点保护型村落而言，一般保护型村落虽也能够获得一定的财政或政策支持，但却常因扶持力度小、整饬难度大等原因而失去较高的发展优先级。

（3）自主保护型村落

严格意义上说，自主保护型村落以及下面的基本废弃型村落并不能被纳入传统村落的认定范围[12]，但本书研究仍将其列举出的目的在于：第一，虽然它们在风貌质量、文化存量等方面有所欠缺，但不乏存在某些价值较高的单体遗存（如庙宇、碑刻等）或文化形式（如物产、技艺等），这些片段化的资源依然颇能反映当地的民俗民风；第二，这类村

注[11]：这种“遗存状态的完整”和“地域特色的鲜明”，仅是与其他非名录内的中原村落相比的结果。若与江、浙、徽等地的遗存状态相比，仍然不容乐观。

注[12]：参见2012年8月22日由国家住建部等部门印发的《传统村落评价认定指标体系》。

落多分布在历史遗产保护区或风景保护区内，尽管本身不具备较高的知名度，但却是构成地域整体风貌的重要组成成分。它们以泌阳盘古山附近村落、新郑具茨山附近村落、安阳小屯殷墟附近村落为代表。

与基本废弃型村落相比，自主保护型村落的优势在于其尚能保持一定的自主更新活力，只是因这种更新多表现为自发无序的拆改行为，结果导致了风貌现状与历史真实的较大差异。

（4）基本废弃型村落

基本废弃型村落以安阳林州打银岩村、南阳内乡吴垭石头村等为代表。它们多因区位偏僻（如悬崖顶或深山区）、交通困难、资源匮乏（如缺水、缺地）等问题，基本丧失了维系生长的发展动力，典型表现即为严重的“空心化”和生产、生活设施的荒废化。但与一般所说的“空心村”相比，此类村落却大都因为相对封闭的生长环境而保留着较为原真的风貌形态，理论上仍然存在开发利用的可能。遗憾在于，它们或因开发条件过于苛刻或因开发成本要求过高而逐渐游离于人们的视野之外。

图 3–28　重点保护型村落：临沣寨村（左上），图片来源：自摄

图 3–29　一般保护型村落：寨卜昌村（右上），图片来源：自摄

图 3–30　自主保护型村落：石板岩乡草庙村（左下），图片来源：自摄

图 3–31　基本废弃型村落：打银岩村（右下），图片来源：自摄

注[13]：将村落开发进度作已开发、待开发、未开发的界定方式，皆属于笔者的主观划定，业界并无相关的说法，也没有明确的规范界定。此外，所谓“待开发”“未开发”的进度状态，皆以行文截止之日为界，特此说明。

3.2.2 按开发进度

从开发进度来看，本书将中原地区的传统村落分为已开发、待开发和未开发3种状态[13]。

（1）已开发村落，是指已具备开发方案或已完成风貌修复工作的村落对象，它们以平顶山郏县临沣寨、信阳新县西河大湾村等村落为代表。

（2）待开发村落，是指基本具备开发条件，但尚无具体开发方案或未完成风貌修复工作的村落对象，它们以焦作博爱县寨卜昌村、平顶山郏县李渡口村等村落为代表。

（3）未开发村落，是指既不具备开发条件，又不具备开发方案或未开展风貌修复工作的村落对象，它们以新乡辉县水磨村、鹤壁浚县白寺村等村落为代表。

参考文献

［1］鲁科科，李润强．中原地区民俗特色文化概述［J］．东南文化，2007（5）：65-72.

［2］王义民，李文田，等．河南省地质遗迹的分布特征与地质公园建设［J］．河南科学，2008，26（4）：492-485.

［3］王纪武．人居环境地域文化论——以重庆、武汉、南京地区为例［M］．南京：东南大学出版社，2008.

［4］裴李岗文化［DB/OL］．［2014-06-07］.http://baike.baidu.com/link?url=MAI_n7o4i4X2I9E2SCTEMmOffnybQWXudqBf4lESk3A-G1HQhWB8yD9ubvPkPywbgWKu1JxvxuofqMEFIyeg6K.

［5］郑东军．中原文化与河南地域建筑研究［D］．天津：天津大学，2008.

［6］中国城镇河南卷编委会．中国城镇·河南卷［M］．北京：中国城市出版社，1992.

［7］郑东军．中原文化与河南地域建筑研究［D］．天津：天津大学，2008.

［8］尉迟从泰．中原传统自然村落设施调查述略［J］．商丘师范学院学报，2005（8）：71.

4　中原传统村落的参数化解析思路

4.1 “无证”情境下的参数化解析：原型辨识理念

4.1.1 原型辨识理念的提出背景

4.1.1.1 原型的定义

原型（Prototype）又称原始意象。心理学层面的原型，是指一种经验积存的种族记忆“优势遗传物”[1]；建筑学层面的原型，则是指将原始生活功能模式化的一种建筑表达[2]。美国建筑大师C. 亚历山大曾说：“建筑和城市的基本特质并非其外表形式或几何形状，而是由不断重复的人文与非人文事件所赋予。这种重复的事件，即原型。”[3] 齐康院士认为：“正是由于中国传统城镇（村）营建中始终存在着相对固定的模式（原型），其历史形态和形象特点方能够在相当长的历史时期内被不断继承、发扬和创新。”[4]

4.1.1.2 原型辨识的意义

（1）利于精准把握中原地区传统村落的风貌特质。在中原地区的传统村落保护与开发中，历来存在着“破坏性建设”和“建设性破坏”的循环现象。此现象一方面是由于建设者在主观上倒置了“保护”与“开发”的优先级，盲目于投入和回报效益比的觊觎[5]；另一方面，则是因“天下之中”的地理区位和“兼容并包”的文化特性对中原地区传统村落的建构特质把握造成了极大干扰，难以厘清风貌特征的产生时序和主从关系。

（2）利于真正理解中原地区传统村落的风貌演变。当前对历史文化遗产的认定，多沿用西方“唯物质倾向”的价值评判体系，生硬做肌理、文化“二分”划定的方式已经引起了学术界的广泛质疑。以于希贤教授为首的专家和学者坚持呼吁并倡导应基于中国本土地理学的视角来对传统城镇（村）的价值构成、建设逻辑和文化模式进行审视、还原。

（3）利于切实凸显中原地区传统村落的本土地情。“宏村模式”“周庄模式”等成功案例的经验虽对各地的传统村落开发提供了借鉴，但同时也在一定程度上加剧了“千村一面”、抄袭化、拼贴化的不良影响。若沿袭或参照江、浙、徽等遗存基质完好地区的既有模板，容易陷入仅以现有遗存的质、量条件为据，主观“创造”或“指定”核心节点的误区，虽有益于单体物质遗存的保护，但却难于在整体上和文化上真正实现历史的原真。

4.1.1.3 原型辨识理念的切入角度

（1）传统村落的独特风貌构成决定了需以文化为切入点

传统村落的风貌体系，并非只是地表外貌或经验上的物质化客体，它是经由一个文化群体对自然景观的作用而形成的“聚居特质综合体”

（Trait complex of human settlement）[6]。卡尔·索尔认为文化地景的风貌是"在一定时空环境中，从人类聚居发展的内在需求和人与自然之间的整体关系中，由文化所外化成的肌理显在形态。文化是作用者，自然场域是媒介，文化地景是结果。"[7]正是在文化动因的驱使下，传统村落方表现出"原型—文化—肌理"的风貌构建层次和动态演进轨迹。肌理，以实体性的材料、水系、路网等物质要素为代表，通过区位选址、构筑形态、空间格局等显性层面得以呈现，反映着地域建设的环境基底条件；文化，以虚体性的审美、风俗、技艺等非物质要素为代表，虽不直接呈现于表象，但却透过制度、谱系、规约、习惯等深刻和稳定的共有秩序，决定并强化着村落单元的聚居理念、营建方式和发展趋势，反映着地域建设的文明程度。

（2）中原地区的尴尬遗存现状决定了需以文化为切入点

首先，从地域聚居的发展规律来看，具备很强传承性和内稳性的文化是其根本血脉，即使社会的政治制度发生了改变，受到自然环境制约的"文化基因"也绝不可能在较短时间内消失或改变[6]；其次，相对于残破的物质遗存条件，中原文化自裴李岗时期到郑韩时期的数千年内从未发生过断代，其作为华夏文明的"母体"和"极核"长达 3000 年之久，厚重的历史积淀塑造出了足够稳定的文化圈层背景。

所以，无论从风貌构成或是遗存现状，文化都应是现实条件下中原地区传统村落保护与开发最应凭借的优势平台。

4.1.2 原型辨识理念的把握原则

4.1.2.1 从人类认知的普遍规律把握原型的属性分异

聚居文化的产生取决于人类在适应和改造自然过程中不断加深的空间认知。在由游居向定居、聚居转化的阶段初期，刚刚结成的社会组织尚未完善，还不可能产生较为系统和深刻的时空体悟，此时的聚居营建也仅仅包含了人们对自然形态、自然现象最粗浅和最直观的理解。带有原始崇拜烙印的立木、图腾柱、纪念柱等竖立物，即是"一种最古老、最传统的空间原型。"[8]柱，是所有竖立物中最直接的建筑形式，"柱，住也。居于木柱之下称'住'，故有'立柱而居'之说。"[9]相传，炎帝曾以木柱来标志和界定农耕区的范围，所以柱又从一种单纯的建筑构件演变为象征权属关系的指代符号。自此，人类对聚居空间和要素的认知，便在使用功能上陆续加入了不同的文化内涵，对其体悟也愈加细化。具体说来，在功能上，产生了对应于初级社会分工的原始崇拜、阶级差异和资源权属之别；在形式上，出现了用于区分不同意义、地位和功能等级的中心与四周之别。所以，与其说原型是一个实体化的空间概念，倒不如说是一个没有大小尺寸和具体形状、兼具文化虚像和肌理实像的"心理场"[14]。而原型的属性，也因此产生了神性（原始崇拜）、权性（阶级差异）和人性（资源权属）的分异（表 4–1）。

注[14]："心理场"的概念最早由勒温（Kurt Lewin）提出，通常用于表述一个具"正价"的物体在其周围所形成的引力作用。由于此"正价物体"代表了一种没有尺寸和形状限制的"心理生活空间（Psychological life space）"，所以它一般存在 3 种构成可能，即准物理事实（心目中的自然环境）、准社会事实（心目中的社会环境）和准概念事实（思想与现实的差异）。

表 4-1　不同认知阶段的原型属性

所属阶段	代表形式	承担功能	认知特征
游居—定居—聚居的转化初期	竖立物	原始崇拜	粗浅、直接的使用
游居—定居—聚居的转化中期	柱	使用、象征功能	逐渐加入的文化内涵
游居—定居—聚居的转化晚期	具功能或意义分异的空间	神性（原始崇拜） 权性（阶级差异） 人性（资源权属）	更加具体和细化的空间体悟

4.1.2.2　从地域建设的主导因素把握原型的发散模式

中原地区的传统村落建设模式一般包括以自然因素为主导和以人为因素为主导两种类型。

以自然因素为主导的传统村落通常规模较小，其发展较易受到地貌、气候、资源等客观条件的制约；空间格局、建筑形制、路网组织、景观细节等肌理构成要素多不具备构图或视觉上的决定性（显赫）形象；审美结构、信仰体系、民俗习惯、行为模式等文化构成要素也多表现出对自然基质或开发条件的尊重。因此，“原型—文化—肌理”的风貌构建逻辑呈现出顺应、互适的平行化倾向。这类传统村落以安阳林州石板岩打银岩村、南阳吴垭石头村为代表[10]（图 4-1）。

以人为因素主导的传统村落通常规模较大，其发展较易受到地位、体制、资产等主观条件的影响；空间格局、建筑形制、路网组织、景观细节等肌理构成要素多围绕某种（或某组）在形态、规格、装饰等方面具有显著特征的自然生长物或人工构筑物展开；审美结构、信仰体系、民俗习惯、行为模式等文化构成要素也多表现出对人为规则或共有秩序的依附。因此，“原型—文化—肌理”的风貌构建逻辑呈现出支配、控制的垂直化倾向。这类传统村落以平顶山郏县临沣寨、焦作博爱县寨卜昌村为代表（图 4-2）。

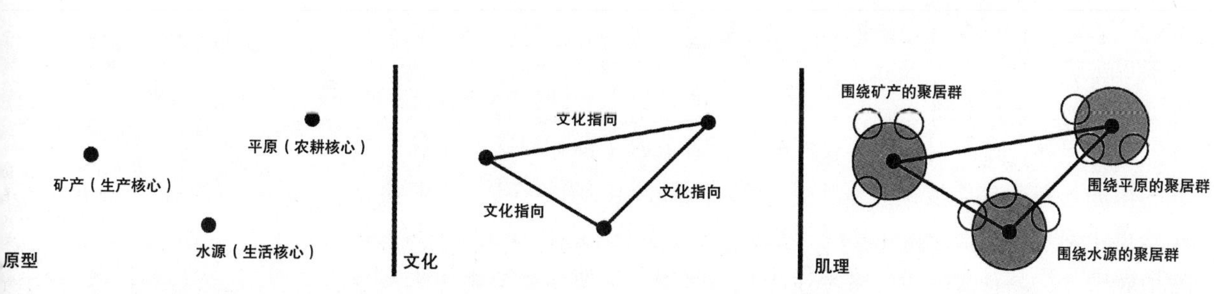

图 4-1　以自然因素为主导的传统村落建设图式，图片来源：自绘

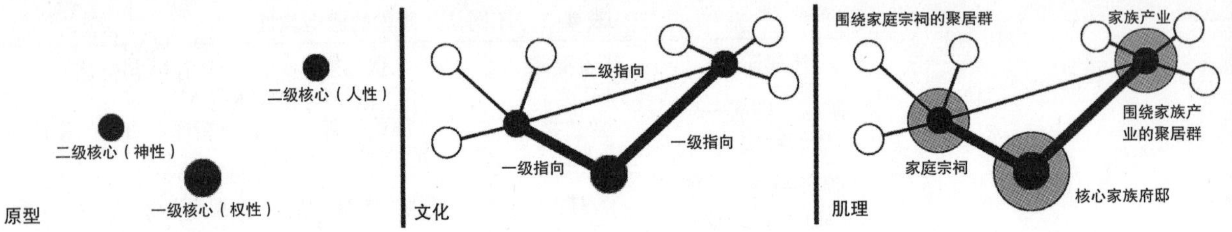

图 4–2　以人为因素主导的传统村落建设图式，图片来源：自绘

4.1.2.3　从空间图式的拓展发散把握原型的关联逻辑

中心是第一个抽象、提炼并投射于空间实体的基本原型图式。当空间认知随着竖立物、柱、心理场的不断细化而渐次加深时，中心便成为兼具实用功能或文化意义、以实体构筑或虚体场域呈现的图式指代。向心与中轴又是对"中心主导和边界附属最直观定位关系的图式化表述"[11]。在由"中心"拓展至"向心""中轴"的图式理解中，具中心特征的原型与单位场域内的各要素之间形成了两种基本的关联逻辑，即形式、意义上的序列或指向关联（表 4–2）。

表 4–2　原型的衍生形式和关联逻辑

原型	原型的衍生形式	关联逻辑
中心	中轴	形式或意义上的序列关系
	向心	形式或意义上的指向关系

这两种空间图式的关联逻辑不仅体现在中原地区的传统村落之上，甚至在世界各个地区和各个民族的早期聚居建设中也皆有所反映（图 4–3 ~ 图 4–5）。

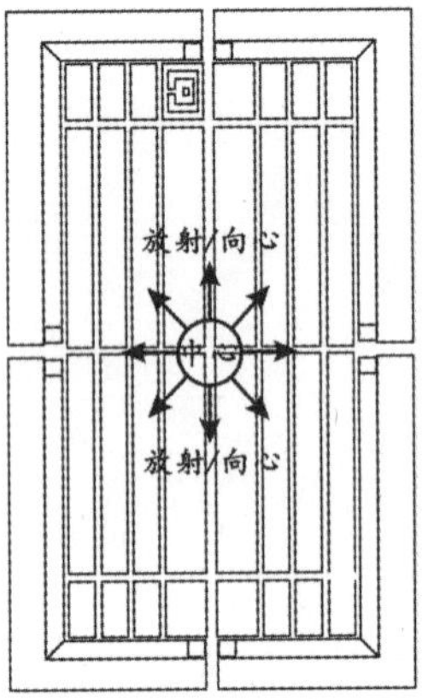

图 4–3　古印度的曼陀罗形城市平面，图片来源：藤井明. 聚落探访［M］. 宁晶，译. 北京：中国建筑工业出版社，2003：46.

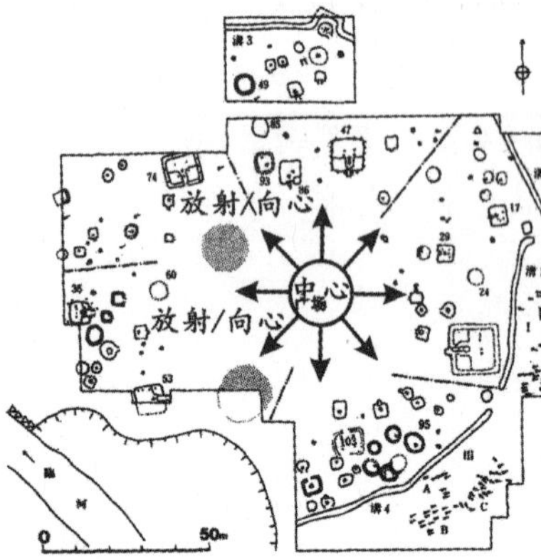

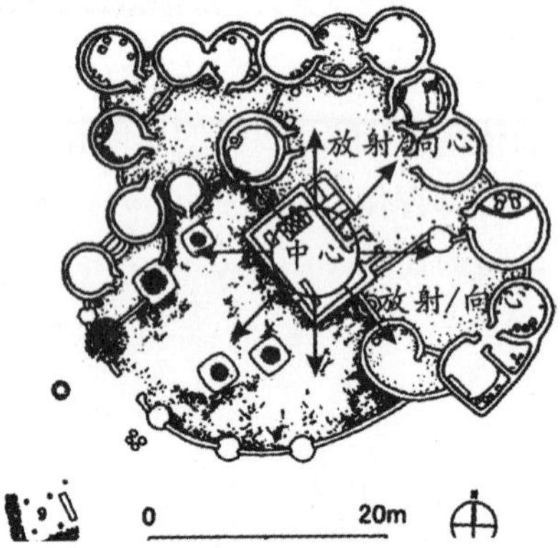

图 4–4　姜寨遗址 I 期聚落平面（左），图片来源：岗村秀典. 仰韶文化的聚落结构［J］. 姜宝莲，秦小丽，译. 考古与文物，2001（6）：88.

图 4–5　非洲某原始聚落平面（右），图片来源：藤井明. 聚落探访［M］. 宁晶，译. 北京：中国建筑工业出版社，2003：101.

除此之外，传统村落的生长同时经历着家庭个体和村落整体双重维度的拓展。在个体维度的拓展中，受到分家机制的调节作用，"年轻一代获得了对原属其父亲的部分财产的法定专有权利"[12]；在整体维度的拓展中，受到社会纽带的维系作用，相继出现了血缘、地缘和业缘的基本性质差异。但无论何种维度，其原型、文化、肌理之于风貌的演化逻辑始终保持着较为稳定的组织结构。依此逻辑，将不同原型的属性分异与个体、整体两种维度进行结合，可得到分别指向于文化和肌理层面的要素关联（表4–3）。

表4–3 对应于不同指向的原型、要素关联

原型属性	结合维度	文化指向	肌理指向
神性中心	村落（镇）整体	村落（镇）精神核心	神庙、神祠
	家庭（族）个体	家庭（族）精神核心	家祠、神位
权性中心	村落（镇）整体	村落（镇）政治核心	衙、署
	家庭（族）个体	家庭（族）权属核心	堂、厅
人性中心	村落（镇）整体	村落（镇）生活核心	场、坦
	家庭（族）个体	家庭（族）生活核心	院、厅

（1）神性中心与村落（镇）整体相结合，指向村落（镇）的精神核心，多表现为集中地域共同信仰的神庙、神祠。

（2）神性中心与家庭（族）个体相结合，指向家庭（族）的精神核心，多表现为寄托家庭（族）感情的家祠、神位。

（3）权性中心与村落（镇）整体相结合，指向村落（镇）的政治核心，多表现为集中地域管理权限的衙、署。

（4）权性中心与家庭（族）个体相结合，指向家庭的权属核心，多表现为象征家庭（族）规矩礼法的堂、厅。

（5）人性中心与村落（镇）整体相结合，指向村落（镇）的生活核心，多表现为承载村落（镇）共性活动的场、坦。

（6）人性中心与家庭（族）个体相结合，指向家庭（族）的生活核心，多表现为容纳家庭（族）交往功能的院、厅。

4.2 “无证”情境下的参数化解析：“簇—群”联结理念

4.2.1 “簇—群”联结理念的提出背景

作为一种特殊的“文化景观”类型，传统村落的特色同时包含着物质、文化两重内涵[13]。它以文化为基础，是文化与地景相交互，通过在不同地域区划和单元类型间扩散、渗透，最终形成的“聚居特质综合体”（Trait complex of human settlement）[6]。以往对传统村落的研究多侧重于对山水、街巷、建筑等物质要素和社会、信仰、风俗等文化要素进行分解式探讨，忽略了在传统村镇形成及发展过程中二者间所固有的复杂、紧密关联，因此也就未能对如空间肌理的文化组织逻辑、演化轨迹的成因机制等深层内容做出深入阐述。

传统村落每一时段的外在形态演化无不与内部潜隐着的聚居模式和聚居文化息息相关[14]。由于文化具有传播性和传承性特质，传统村落

的表征风貌及其文化特色也就同时因共时性（地域间的传播）和历时性（时间线的传承）而存在着微妙、丰富的关联。当前研究多倾向于根据现有遗存的状态、质量来拟定开发策略，忽略了因天灾、人祸等历史主客观原因所造成的古今特色偏差事实（如细节处理、文化习俗、审美取向等），由此滋生的主观化臆断原初风貌、模板式规划空间节点等做法也助长了拼贴、抄袭等不良风气的泛滥。

长期以来，对以传统村落为代表的文化遗产价值认定，基本沿袭《保护世界文化和自然遗产公约》和《保护非物质文化遗产公约》为标准的评价体系。但近年来，这种根据年代久远度、工艺稀缺度、规模尺度等指标对遗存资源进行价值评定的方式已渐渐受到部分学者的质疑，质疑焦点主要集中在两个方面：

第一，评判视角的准适性问题。在中国传统的认知模式中，“寓意于物”“重意轻形”是极为典型的审美原则，它直接体现在建筑、园林等建构实践当中[15]。而国际通用的量化分级指标难以涵盖如空间演化、意指关联等动态化的隐性文化价值。

第二，评判结果的全面性问题。与已纳入国家级、省级等各级保护名录中的传统村落、历史文化名镇名村相比，还广泛存在着遗存基质残破但文化内涵丰富的村落类型。虽然这些村落的遗存规模、质量并未“达标”，但却并不能因此而抹杀其文化（或肌理）的原型价值、特色传承的演化价值等重要细节。

基于对上述问题的思考，本书研究认为应充分利用文化传承的内稳性特质 15，厘清村落内外如生长轨迹、演化机制等物质要素与文化机制的关联关系 16，继而对传统村镇建设之初的肌理组织逻辑和文化发展逻辑展开准适性辨识，为其后续的风貌修复策略生成建立依据。

4.2.2 “簇—群”联结理念的定义诠释

4.2.2.1 早期人类聚居的共性组织模式

文化人类学的研究表明，在从“游居”“散居”转向“定居”“聚居”的进化中，几乎所有地域、民族的建构模式都表现出与各自文化认知的同步性[14]。通过对比早期人类聚居的平面布局，不难发现其中隐含的空间组织共性：

（1）聚居平面基本分为中心的公共单元和四周的个体单元两部分。公共单元多由规模或体量较大的空间、构筑组成，但数量较少，密度较低；个体单元多由规模、体量大致均等的空间或构筑组成，数量较多，密度较大。

（2）根据用途差异，可将公共单元的功能属性大体分为神性、权性、人性 3 种，分别对应原始祭祀、阶级管理和公物存放；个体单元的功能属性则相对统一，通常用于满足家庭个体的生活起居。

（3）公共单元与个体单元之间，通常保持向心、放射的图式关联，并

注 15：相对空间演化的易变性，文化传承稳定性更强。

注 16：此处的“内”“外”，是指代村镇具体所辖的镇域、村域空间范围，及其所处的宏观地域区划或所属文化圈层。

在体量、数量、形态、疏密、旷奥等细节上呈现出差异对比。

4.2.2.2 基于人类文化学视角解读风貌演化机制

这些共性不仅在中原地区的聚居模式中有所体现，还广泛存在于中国乃至世界各地的早期聚居之中，正因它们能够普遍反映聚居建构的共性模式和聚居文化的形成规律，本书将此关系称为"簇—群"联结。具体而言：

（1）"簇"，用于指代平面格局中为满足特殊需求而设的公共性构筑或场域，它构成了美学图式中的放射核心，是反映聚居模式中占据主导地位的空间原型或体现核心、公共取向的功能原型，又可大致分为神性（原始祭祀）、权性（阶级管理）、人性（公物存放）3类。

（2）"群"，用于指代平面格局中为满足一般需求而设的个体性构筑或场域，它构成了美学图式中的向心群体，是反映聚居模式中处于附属地位的空间原型或体现普通、个体取向的功能原型，又以民居居多。

（3）"簇—群"联结，用于表达两类构筑或空间的相互关系。由于传统村镇的建构逻辑高度揉融了朴素的物象特征和特殊的文化意指，故当文化层面的社会关系分异投射于物质层面的聚居建构之上时，就出现了"簇"（公共）、"群"（个体）单元之间在体量、规模、间距、密度、数量等要素上的基本图式控制力——联结关系。

4.2.3 "簇—群"联结理念的把握原则

传统村镇风貌修复所涉及的学科知识较为庞杂，虽然在建筑保护、空间组织等具体问题处理上一般倾向于采取建筑学的解决方案，但在以"准适性"为出发点的传统村镇风貌修复命题下，本书研究认为仍应优先从文化人类学、本土地理学两个方面确立解读原则。

4.2.3.1 基于人类文化学视角解读风貌演化机制

按照人类文化学的逻辑，传统村镇的风貌特征"（属于）一种以图像再现、解构或象征地景环境的方式，是一种文化想象。因为除了原始的自然景观，传统村镇营建过程中呈现出的所有景观特质均需借助建构行为、感知行为等人为因素的影响，其并非只是地表外貌或经验上的物质化客体，而是一种文化再现的形式。"[16]而"当文化反映在地理景观中时，地理景观就成为装载文化的器皿和反映人类文明的现象。"[14]

事实上，人文地理学家卡尔·索尔早就对地域文化与地域风貌的关系做出明确定义："地域风貌是经由一个文化群体对自然景观之作用而形成的。文化是作用者，自然场域是媒介，风貌是其结果。"可见对传统村镇风貌演化机制的解读，须循"原型—文脉—肌理"的层级序列来回溯和挖掘影响地域聚居的肌理原型与文化源头[17]，继而排查历史演化中出现脱节、转化、变异的节点与根由。

4.2.3.2 基于本土地理学视角形成风貌修复策略

在 20 世纪 20 年代西方现代地理学传入我国之前的数千年时间里，华夏先祖始终以一种朴素的哲学逻辑来指导建设实践，这便是“本土地理学”[18]。此概念最早由北京大学的于希贤教授提出，可概括为“以风水、堪舆为理论基础，理顺了古代地理学史的演变脉络，具有依附于经史、相连于方志、揉融于风水、重视于地图等特点。”[19]

基于本土地理学所形成的风貌修复策略，是指既要能够真实反映历史、地域原真的建构语境，又要能为其中关键的肌理组织和文化意指逻辑提供当代及未来的续接导向，摒弃现代规划语境无形中所陷入的肌理、文化两分误区。

综上所述，基于“簇—群”联结理念所进行的传统村镇风貌解析，既适于梳理单体个案历时性演化中的特色分歧，又适于甄别多案例间共时性类比中的同异关系。碍于篇幅所限，本书后续的论证分别以豫南荆紫关镇和豫中李渡口村为例进行空间肌理特征解析。

4.3 “有证”情境下的参数化解析：特定空间层级

4.3.1 参数化解析手段与“有证”方法论研究的耦合可能

随着历史城镇（村）独特风貌内涵和稀缺研究价值的认识普及，人们对于历史街道的空间形态理解也达到了前所未有的深度。随着学科间界限的打破，一些跨学科的量化描述技术被引入城规、建筑与景观领域，涉及街巷空间形态特征的量化又主要通过“网络密度”计量得以实现。比尔·希利尔提出了专项分析城镇街道空间特征的空间句法理论[20]；Giuseppe Borruso 通过网络密度分析，对意大利 Trieste 镇和英国 Swindon 镇的中心区街巷边界特征差异进行识别[21]；Stephen Marshall 阐释了包括连续性、连接性、深度、复杂性等参量的“路径结构分析技术”（Route structure analysis）[22]；Meta 与 Haupt 同样以网络密度作为主要的量化参数，对城市街区的空间形态做出定义[23]。从宏观趋势来看，聚焦于街道空间形态的特征描述研究，从单纯基于美学或（交通）功能层面的单一定性分析，过渡到全面反映场所特征、行为特征的综合量化分析。所以，研究趋势需要专项对于传统村落街巷空间形态的参数化解析策略进行拓展。

4.3.2 面向特定风貌结构层级的参数化解析思路

与以往城镇街巷的空间形态研究不同，传统村落的街巷系统具有三重特殊性：

（1）与市、镇等更高级的建构单元相比，传统村落的街巷演化状态先天带有一种自下而上的复杂性和随机性。

（2）即使被列入各级名录（国家级、省级）的传统村落，通常其街巷结构的遗存基质也不甚完好。即使天灾、人祸等内外因素作用后残存的若干街巷，通常其功能承载、风貌结构也不一定精准吻合于历史真实。

（3）以往凭借长、宽及高宽比等简单量化参数的研究逻辑仅适合于单一街巷的特征描述，而以高宽比为依据的计量方法[17]，又无法同时呈现如单体截面形态、整体路网结构等更复杂的空间特征。可见，传统村落风貌修复专题需要参数化解析策略与传统村落街巷进行耦合。

4.4 “有证”情境下的参数化解析：“社—空”结构还原理念

4.4.1 “社—空”结构还原理念的提出背景

4.4.1.1 村落风貌的独特性

不同地域，不同时期，村落在物质环境与社会文化等方面存在着很大差异，这些差异使村落在空间与肌理上具有各自的特色，形成独特的风貌特征[24]，这种风貌特征具有高度的感知性，使村民对村落产生亲切感和归属感，能激发原住民产生向心力和凝聚力；这种特征也具有极高的辨识性，使该村落具有极强的吸引力和感染力，它能明晰来访者对该村落的认知，产生对该村的兴趣感和认同感。村落风貌特征是村落的灵魂，它使村落具有旺盛的生命力，使其得以延续、发展并发挥其独特的文化继承和文化传播功能[25]。

4.4.1.2 风貌要素的关联性

村落风貌是以全方位的感性特征为基础对其进行总体形象把握的联觉形象[25]，与诸多因素有关，其中包括自然因素(地理、水文、气候、资源等)、文化因素（地域文化、宗教信仰等)、社会因素（经济、组织关系等)，在其历史的发展过程中各因素相互联结，形成了密切的内在联系，构成了一个关联性极强的有机整体。因此对待村落风貌研究与保护，应先对各要素进行全面和系统的分析，寻求出各因素间内在的序列和因果关系，这种关联性特征是形成村落风貌特征的关键所在。

4.4.1.3 研究问题的普遍性

目前对于传统村落的研究与实践，一直在不断地扩展、深化，对村落文化要素的价值内涵重视也不断增加，但整体村落开发的方式和策略仍然具有浓重的“唯物”色彩，在研究和实践中存在对风貌要素解析较

注[17]：以高宽比为楔入视角的街巷研究，始创于日本学者芦原义信的代表作《街道的美学》。

浅和要素间联结逻辑研究不充分两方面问题，致使研究表面化、主观化，实践拼贴化、虚假化和同质化，使村落风貌解析及修复精度偏移和错乱，村落风貌遭受保护性破坏。

4.4.2 “社—空”结构还原理念的定义诠释

依据结构主义理论，事物的结构可分为“表层结构”和“深层结构”两个层次。所谓表层结构是指事物物质构成所具有的显性结构，深层结构是指由事物非物质要素所构成的隐性结构[26]，事物的表层结构受深层结构的支配，深层结构亦受表层结构的影响。对事物进行分析，应从表层和深层两个方面进行分析较为全面。

村落这一有机的整体中，其风貌特征也具有深浅两层结构，人是村落构成的核心，自然环境结构、物质生活结构、精神文化结构、社会关系结构等构成了村落风貌深层结构，可总结为“村落社会构成结构”；环境基底结构、街巷道路结构、建筑庭院结构、公共空间结构等构成了村落风貌表层结构，可总结为“村落空间构成结构”。“社—空”结构共同作用构成村落整体风貌[27]（图 4-6）。

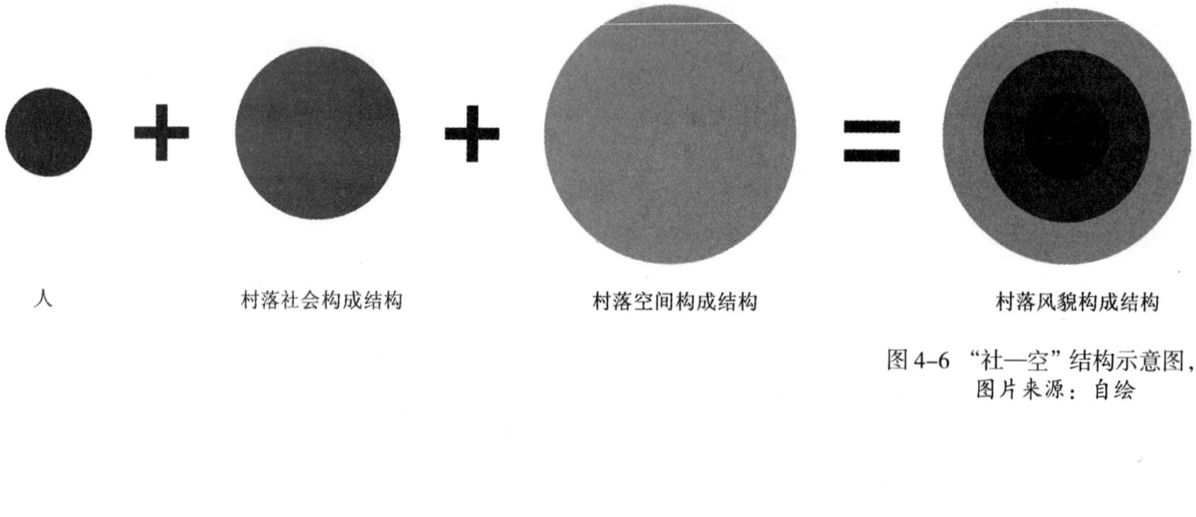

图 4-6 “社—空”结构示意图，图片来源：自绘

参考文献

[1]荣格.荣格说潜意识与生存[M].高适，编译.武汉：华中科技大学出版社，2012.

[2]伽达默尔.真理与方法[M].洪汉鼎，译.北京：商务印书馆，2007.

[3]C.亚历山大.建筑的永恒之道[M].赵冰，译.北京：知识产权出版社，2002.

[4]齐康，周武忠.名城保护，塑造文化特色：齐康院士访谈录[J].中国名城，2009（2）：57-60.

[5]张浪.城市绿地系统布局结构模式的对比研究[J].中国园林，2015（4）：50-54.

[6]王纪武.人居环境地域文化论：以重庆、武汉、南京地区为例[M].南京：东南大学出版社，2008.

[7]Denevan W M. Carl Sauer on Culture and Landscape[M]. Los Angeles：LSU Press，2009.

[8]汉宝德.汉宝德谈现代建筑[M].北京：中国友谊出版社，2010.

[9]周祖谟.问学集[M].北京：中华书局，1966.

[10]刘磊，张青萍.河南林州石板岩民居和吴垭石头村景观肌理比较[J].林业科技开发，2015，29（2）：142-146.

[11]彰国社.建筑大辞典[M].2版.东京：彰国社，1993.

[12]费孝通.费孝通文集[M].北京：群言出版社，1999.

[13]刘磊.中原地区传统村落历史演变研究[D].南京：南京林业大学，2016.

[14]阿摩斯·拉普卜特.文化特性与建筑设计[M].常青，张昕，张鹏，译.北京：中国建筑工业出版社，2004.

[15]朱建宁."立象以尽意，重画以尽情"：试论意境理论的文化内涵与创作方法[J].中国园林，2016（5）：86-91.

[16]Cosgrove D. The Power of Place-Urban Landscape as Public History[J]. Cambridge：MIT Press，1995：332-341.

[17]刘磊.传统村落的文脉辨识、提炼及应用——以中原地区为例[J].世界地理研究，2017（2）：12-19.

[18]于希贤，于涌，黄建军.旅游规划的艺术：地方文脉原理及应用[M].重庆：重庆出版社，2006.

[19]贺曲夫，谢炳庚，曾毅，等.中国传统地理学之浅见[J].地域研究与开发，2003，22（2）：12-15.

[20]比尔·希利尔.空间是机器——建筑组构理论[M].杨滔，张佶，王晓京，译.北京：中国建筑工业出版社，2018.

[21]Borruso G.Network Density and the Delimitation of Urban Areas[J]. Transactions in GIS，2003，7（2）：177-191.

[22]Marshall S.Streets & Patterns[M].New York：Spon Press，2005.

[23]Meta，Haupt.Space，Density and Urban Form[R].TU-Delft，2009.

［24］冯骥才．传统村落的困境与出路——兼谈传统村落是另一类文化遗产［J］．民间文化论坛，2013（1）：7-12.

［25］马武定．风貌特色：城市价值的一种显现［J］．规划师，2009，25（12）：12-16.

［26］沃野．结构主义及其方法论［J］．学术研究，1996（12）：35-40.

［27］王飒．中国传统聚落空间层次结构解析［D］．天津：天津大学，2012.

5 “无证”情境下的中原传统村落参数化解析实证

5.1 基于原型辨识理念的空间肌理特征反演策略

5.1.1 原型辨识理念的应用逻辑

一如生物有机体的生命周期，中原地区传统村落同样经历着萌芽、发展、成熟、衰败的生长过程。由于其文化圈层背景和文化发展驱力一致，故其仍然能够保持对内部变动的中和与对外界刺激的反应，仍然能够完成对不良因素的化解和对发展偏差的纠正，体现出一种有序的“自组织”性。然而，现有开发策略或规划定位往往只凭借遗存质、量的优劣进行着孤立式的修复建设，常常主观臆想式地以此类资源为核心节点来组织空间布局、景观设置和路线串联，忽略了历史文脉和空间文本的连贯性、完整性承接（图 5–1）。即便是后续的方案调整和深化，也仅是以风貌完整度、环境承载力等为依据对环境基底、人工构筑做出修补[1]，与真正的历史原真、地情实际相差甚远。这也是开发主题雷同、旅游产品堆砌、特色修复失准、商业气氛过重等症结的根源所在。

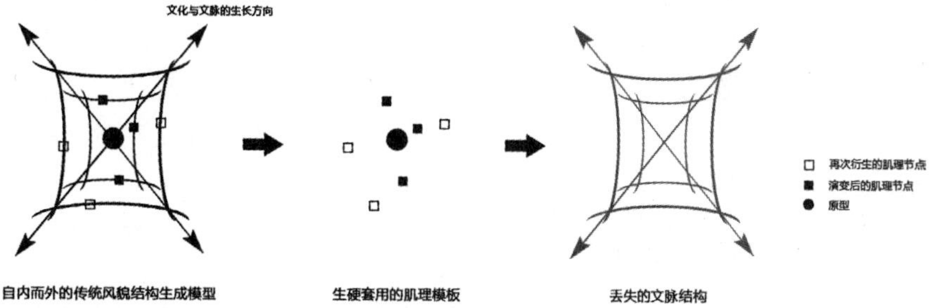

图 5–1　臆想式开发的弊端图解，图片来源：自绘

5.1.1.1 根据生长时序甄别原型的肌理特征

由于现存的遗存资源可能分属不同的历史时段，其建设的目的、条件、类型和功能也不尽相同，所以即使在史证资料缺乏的条件下，也不能简单地以此为据来对原型肌理特征的属性、区位做出甄别。研究认为，可以通过不同时段的辨识指标设立，达到对村落原型基本肌理特征的把握。

在萌芽期，村落所在地的成员主体多会围绕某种资源（如水源、矿产等）或出于某种动机（如避难、交通等）来开展村落建设、组织社会关系，因此可将社会性质和主导因素作为甄别指标。社会构成包括产生于自然经济条件下的血缘、地缘和产生于商品经济条件下的业缘，虽然此性质仍有可能在后期发生转化，但其影响下出现的文化风貌结构却能够在相当长的时期内保持稳定。主导因素包括自然因素和人为因素两种，代表了贯穿村落建设始终所必须凭借的外在和内在条件，是村落发展的驱力来源。本书研究将这一时期的动力类型称为“原力”。

在发展、成熟期，既有的资源优势或建设动机继续推动着村落规模的扩大和交往的频次，反映地域供需的业态结构也会对村落的格局、路网、构筑、景观等要素造成影响。根据依托资源的不同分布形态，出现了点状发散或线状发散两种类型，它们均决定着村落的肌理演变轨迹。业态结构不仅体现着村落内部的经济、社会、文化关系，甚至在某种程度上可被视为判断村落演变趋势的风向标。本书研究将这一时期的动力类型称为“控力”。

在解体、复兴期，保护与开发的优先级是必须时刻秉持并敏锐监控的无上律例。我国的《文物保护法》(2002年)明确规定了“保护为主、抢救第一、合理利用、加强管理”的16字方针[2]。保护为主是指开发需要对历史、地域的肌理和文化真实做出最大限度的尊重；合理利用是指必须在坚持保护第一的前提下积极寻找顺应时代、面向市场的良性接入点。本书研究将这一时期的动力类型称为“向力”。

5.1.1.2 根据成熟程度甄别原型的文化特征

鉴于原型兼具文化虚像和肌理实像的“心理场”特性，在对原型的肌理特征进行甄别之后，还需依照其文化特征来进一步检验和制定开发策略的准适与否。宋河有等学者曾主张按照参与主体、参与形式、参与时间来衡量地域文化的成熟程度，并根据其级别制定与旅游开发对接的主题化建设策略[3]。受此启发，同样可以利用这些指标对不同发展时期的文化原型成熟程度进行把控。

5.1.2 原型辨识理念的应用案例

西河大湾村位于豫南地区信阳市新县周河乡，地处豫、鄂两省交界的大别山腹地，由明初迁居此地的江西张氏一族建设而成，距今已有500余年的历史。长期以来，出于躲避战乱的需要，大湾村一直在交通闭塞的自然环境中保持着隐居避世的状态。直至近代，随着小农经济的解体和交流不便的阻碍，村落发展受到了经济、政治、时代等外来因素的巨大冲击，加之青壮劳动力的大量流出，社会组织和更新动力逐渐丧失，甚至显现出“空心化”的倾向。2013年8月，乘“英雄县·英雄梦”规划设计公益行活动的东风[18]，村落凭借较具规模的明清遗存、风光旖旎的山水资源和颇富特色的大圣信仰为外界所熟知。新的规划开发对当地的经济效益提升相当明显，在相继入选第四届中国景观村落名录(2014年)和“最美历史文化古村”(2015年)之后，新县县长和大湾村村干部又作为特邀嘉宾出席了在浙江乌镇召开的中国首届古村大会，与全国各地的传统村落开发单位交流成功经验。在肯定大湾村已取得的丰硕成果的同时，运用原型辨识理念对其风貌修复、文脉延续等细节的准适度做出检验，为可能存在的失当环节和后续方案的深化跟进提供参照，是极为必要的。

2013年11月，由罗德胤先生主持的专业规划团队，以北、南两大

注[18]：2013年8月7日，“英雄县·英雄梦”规划设计公益行活动由中国扶贫基金会、中国古村落保护与发展专业委员会、北京绿十字和新县县委县政府共同举办，北京绿十字和县文改办承办。在对新县西河大湾村、楼上楼下村、丁李湾村等一众传统村落进行考察后，专家一致同意以大湾村作为活动的起点。

遗存片区为依托[19]，制定了“以弘扬红色历史”“挖掘地域文化”等为抓手的开发策略，确立了“一带、两片、多景点”的风貌整治方案。“一带”是指西河滨水风光带；“两片”是指西河南、北两大片区；“多景点”是指北片区的大圣庙、狮子山、观音庙景点和南片区的入村口、榨油坊广场、湿地小景、观景台景点（图 5-2）。

图 5-2　西河大湾村景观风貌，图片来源：自摄、自绘

5.2　基于“簇—群”联结理念的镇域空间肌理特征解析策略

5.2.1　“簇—群”联结理念的应用逻辑

传统村镇的风貌解析研究不能仅限于对建筑、街巷等物态肌理的分析，还应注重对行为、动机等文化机制的解读。同时，不仅要对现实状态下的村落单位予以关注，还应顾及历史状态下曾经是“村”但现实状态下呈现为“镇”的村落单位。一般而言，传统村镇的基础资料获取大多依赖于 3 条渠道：

（1）村志、县志、地志等文献资料；

（2）航拍、测绘、照片等图文资料；

（3）问卷、录音、访谈等踏勘资料。

但“簇—群”联结的理念认为，不能简单采取“现代解构”的方式记录如街巷、建筑、空间等肌理要素，也不能限于分析如路网结构、高宽比例、立面形态等“量化”的要素特征。原因在于：

（1）这些信息多具有明确的时段性，即多体现某特定建设动机或背景下的某类特定主体需求，虽然这对专项保护（如建筑、文物等）工作

注[19]：本书的论述范围皆是指西河北岸的明清民居遗存区。

的意义重大，但并不利于动态和全面把握传统村镇的风貌演化机制。

（2）传统村镇的建设逻辑始终以本土地理学为原则，这种兼具朴素唯物主义和客观唯心主义的哲学思维本就与物质、文化两分的研究理念背道而驰，对其本质的真正理解，应根据现有已知的遗存状态辨别并推理相对完整、连贯的文化或物质演化脉络，从而实现对历史真实更为深入的推敲。

就中原传统村镇而言，除临沣寨、寨卜昌、朱仙镇等少数传统村镇尚保留有相对完整的物质遗存与图文资料外，多数传统村镇的空间格局、风貌结构、文字记载等信息都已模糊不全。若仍依据上述 3 条渠道，获取的信息往往过于琐碎。若依据基础资源、业态演化、居住模式等文化线索，较易得到相对清晰的序列轨迹，这种轨迹又恰好符合文化在传承与传播过程中所反映的“原生—次生—衍生”关系。当宏观的文化语境逐渐梳理完毕后，可将具体的遗存节点按功能、年代等条件进行分类整合，根据建设时序、空间分布等嵌套后信息确定“簇”“群”属性，并进一步剖析“簇—群”联结关系。

5.2.2 “簇—群”联结理念的案例选取

为使上述理论在实践中得到检验，本书选择豫南地区南阳市淅川县荆紫关镇为例进行说明。案例的选择依据如下：

（1）镇史的时间跨度长（从汉至清），利于检验“簇—群”联结的历史信息梳理能力。

（2）镇域的格局变化大（由村至镇），利于检验“簇—群”联结的空间属性甄别能力。

（3）遗存的风貌差异高（除清街外，镇内其余地段基本为现代风貌），利于检验“簇—群”联结的策略制定准适能力。

（4）文化的构成因子多（三省交界），利于检验“簇—群”联结的文脉框架辨识能力。

（5）相关的前期参考信息少，利于检验“簇—群”联结的信息干扰排除能力。

5.2.3 荆紫关镇空间肌理的基础信息获取

荆紫关镇位于豫南地区的南阳市淅川县，为豫、鄂、陕三省交界，东依猴山，西傍丹江（图 5–3、图 5–4），文化构成丰富，素有“鸡鸣闻三省”“一脚踏三省”等美誉，也是“朝秦暮楚”“刘邦入咸阳”“王莽撵刘秀”“奇袭荆紫关”（解放战争时期）等著名事迹的诞生地。

荆紫关的得名颇具典故：“荆”字，源于此处曾为战国时期楚王太子“荆”的镇守之地，时名“荆子口”；“紫”字，源于此地年年盛开的荆籽花；“关”字，源于古镇西北有两山对峙之地名“月亮湾”，扼守三地，其险似关，关外为八百里秦川，关内为南阳盆地。战国时期，此地唤为

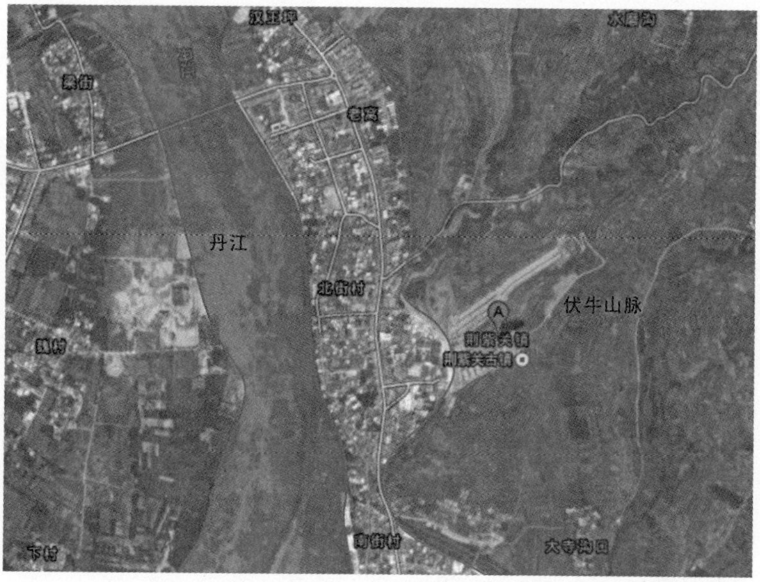

图 5-3　荆紫关镇的山水格局（左），图片来源：底图源自 Google 地图
图 5-4　荆紫关镇的主要遗存节点（右），图片来源：底图源自 Google 地图

“荆子口”；西汉时期，这里即成小集，得名“草桥关”；元朝时，称为“荆籽口”；及至明朝，因有官兵驻扎，又易名“荆子堡”；进入清朝，再度改“堡”为“关”（荆子关）；民国初年，为取紫气东来之意，关名改“子”为“紫”，并一直沿用至今[4]。

名称的频繁更迭不仅代表了古镇历史地位的重要，更能反映古镇格局规模的演变。事实上，兴起于汉、发展于唐、极盛于明清的古镇，其兴衰皆与丹江航运所带来的商贾繁盛不无关系。在我国最早的地理书籍《尚书·禹贡》中，即有“西接秦川，南通鄂渚”的描述；《淅川县志》记载：早在西汉时期，荆紫关便因漕运而成集，时名草桥关，开始有了河街的雏形；唐末“安史之乱”时，因长江漕运封锁，运往长安的南北物资都须改道丹江往来，这就为荆紫关的蓬勃积蓄了动力；再根据《淅川直隶厅乡土志》（1905 年）的信息，当时其规模“已有泊船百余支之巨，形成了上、中、下 3 处漕运码头”；《南阳县志》又载，当时“康衢数里，巨室千家。百艇接樯，千蹄接踵，熙熙攘攘，异常繁华”，已经出现了长达 5 里的商业街（今清街）；光绪年间，河街规模也已长达 2 里；乾隆三十七年（1772 年）更达至“帆樯林立、绵延十余里”的规模巅峰，成为方圆百里的货物集散中心，一时囊括 3 大公司、8 大帮会、13 家骡马店和 24 家大商行，饭馆、酒楼、旅店上百家……

对粗略整理出的基础资料按主体业态、建制属性、社会性质、遗存节点、文化结构等 5 类标准予以提炼，作为“簇”“群”分类的基本参照。

5.2.4　荆紫关镇空间肌理的簇群分类整合

荆紫关镇的文化构成极为特殊。若以地域为界，极易得到“多元”“混杂”等不易直接利用的干扰性结论。但若从依托资源、主体业态、空间格局的历史演变为出发点，则梳理出的文化发展序列较为清晰——以漕运文化为“原生”，以商业文化为“次生”，以各地域文化在此地的结合为“衍生”[20]。在此基础上，按照“簇—群”分类原则，对引起社会、业态、格局等形态变化的空间节点进行罗列，得到表 5–1。

注[20]：原生，是指由直接原因引发的文化成因；次生，是指由客观原因引发的文化成因；衍生，是指由主观原因引发的文化成因。

表 5–1 荆紫关镇“簇”“群”节点的信息分类统计

分类标准	遗存名称	遗存功能	遗存坐落	建设时间	遗存状态
簇	河街码头	装卸商货	河街，上中下 3 处	汉	除中码头外，皆已无存
	清真寺	伊斯兰教信众汇聚中心	南街，坐东向西	明正德年间	较完好
	平浪宫（船业会馆）	商业、娱乐	南街，坐东向西	明末清初	较完好
	万寿宫（怀帮会馆）	商业、娱乐	南街，坐东向西	乾隆十年（1745 年）	残破
	禹王宫（湖广会馆）	商业、娱乐	南街，坐东向西	嘉庆十年（1805 年）	较完好
	山陕会馆	商业、娱乐	中街，坐东向西	约为清代	较完好
群	清街	商业、生活、娱乐	河街西侧，2.5 km，南北走向	明	完好
	河街	漕运、生活、娱乐	丹江西侧，600 m（光绪年间长达 1000 m），南北走向	汉	基本无存
	关门	长街起始、形象代表	清街南部尽端	明	完好
	革命纪念馆（任小秃宅）	原：地方豪宅 现：纪念馆	北街，坐东向西	国共对峙时期	较完好
	陈家大院（陈新泽宅）	原：义兴祥商号 现：地方豪宅	北街，坐西向东	不详	较完好
	李文成宅	地方豪宅	北街，坐西向东	不详	残破
	其他民居	商铺、居住	清街两侧	未一一统计	门面完好，内部格局多残破
	小溪别墅	地方豪宅	河街东侧	不详	除如意门楼外，均残破

需要说明的是，上述遗存信息的整理主要遵循如下原则：

（1）范围主要涉及内部镇域，对都督府（镇正南 1000 m）、法海寺（镇东北磨沟村）、马饮桥[21]等外部镇域的单位节点不作统计。

（2）为了表述的一致性，所有节点的区位描述皆以丹江为基准。

（3）清街、河街虽然同时承载了公共、个体等不同属性的活动类型，其形态又属线性空间，但由于“簇—群”联结理念并不主张按功能、形态等现代主义空间分析标准进行划分，而是遵循本土地理学逻辑中文化

注[21]：此景点为纪念刘秀在此饮马而得名，但因其不属于文章论及的“簇”“群”范围，故不予列出。

之于肌理的自然生成关系进行归类，所以仍将二者划为“群”的类别。

5.2.5 荆紫关镇空间肌理的演化机制分析

正是由于景观文化与物质高度揉融的独特建构特征，产生于西方现代语境中的文化地理学和产生于我国传统语境中的本土地理学能够达成一种逻辑默契，即基于文化发展规律审视地域建构行为动机，基于行为动机还原地域聚居模式机制。鉴于传统村镇建设工程中所体现的地域聚居文化是认识自然、改造自然相统一的结果，所以根据不同时期建设行为与文化水平的结合程度，将地域聚居的模式演变大致划分为自然之序、附加之序、人为之序 3 个阶段[5]。

自然之序包括直接与间接两个阶段：直接是指通过功能感知与外界自然建立联结的过程，如形态、功能；间接是指通过意义感知与外界自然建立联结的过程，如地域观、方位观。附加之序包括模拟和象征两个阶段：模拟是指通过直观效仿与外界自然建立联结的过程，如形态模拟、功能模拟；象征是指通过规律效仿与外界自然建立联结的过程，如意指象征、秩序象征。人为之序包括层级与场域两个阶段：层级是指通过等级区划与外界自然建立联结的过程，如形制层级、装饰层级；场域是指通过文化认同与外界自然建立联结的过程，如专属场域、公共场域[6]。

5.2.6 荆紫关镇空间肌理的生长轨迹还原

不难发现，阶段沿革既表现出人为与自然结合时的不断深入和成熟，又表现出人为与自然平衡时的不断转向和颠覆。因此可通过对荆紫关镇格局演化中 5 个关键时段的界定，实现生长轨迹的还原分析（图 5–5）。

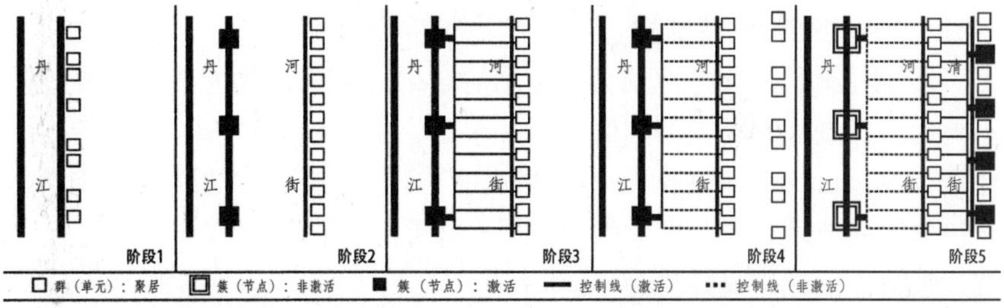

图 5–5 基于“簇—群”联结理念的荆紫关镇肌理格局演化图式，图片来源：自绘

5.2.7 体悟与思考

通过本节再次对“簇—群”联结理念进行审视时，发现价值与问题并存。

价值方面：第一，以文化为楔入的研究视角能够在兼顾传统语境与地情实际的前提下，实现对风貌演化轨迹的还原，适于排除物质遗存破损严重、信息取证条件苛刻地区的研究障碍；第二，“簇—群”联结图式能够指出传统风貌出现异化的症结根源，适于建立主题定位、资源整合、开发梯度等实践工作的标准共识；第三，“簇—群”联结逻辑能够针对个案、多案展开历时性或共时性的深刻剖析，具备良好的后续接入性和维度拓展性，适于风貌预警机制、评定指标修订等深入研究工作的推进。

问题方面：首先，“簇—群”联结理论是基于文化发展规律所做出的研究方法推理，虽然文化人类学、文化地理学、文化社会学等理论已经证明了以文化为楔入进行传统研究的科学性[7]，但面对谱系众多、类型庞杂的中国实例时，仍需花费大量的时间和精力厘清文化根源、肌理原型间的关系；其次，“簇—群”联结理论是对文化传承与传播过程中普遍性建构特征的提炼，由于传统村镇的具体建设条件千差万别，因此不可避免地会存在孤例或特例，在日后的研究中有待于补充和改进。

研究展望：将继续以遗存基质残破地区的传统村镇为对象，从同社会结构、同资源条件、同业态类型、同遗存形态等具体的语境设定入手，强化和完善“簇—群”联结理念指导下的保护和开发研究。

值得说明的是，“簇—群”联结仅属一种致力于资源整合、风貌解读的方法构思，绝非定论，有待于后期通过风貌预警机制、评定指标修订等深入化工作进行修正。

5.3 基于“簇—群”联结理念的村域肌理轨迹演化解析策略

5.3.1 “镇域”“村域”空间肌理的个性与共性

5.3.1.1 风貌结构的特殊性

传统村镇是文化与地景交互作用的结果，它以文化为基础，通过在不同地域区划和单元类型间的扩散、渗透，最终成为一种“聚居特质综合体”（Trait complex of human settlement）[8]。传统村镇的风貌构成是同时包含物质肌理、文化内涵的双重复合体系，其演变呈现出“原型—联结—表征”的递进展开层级[9]。

5.3.1.2 格局图式的通时性

文化人类学研究认为，在从“游居”“散居”转向“定居”“聚居”的进化中，几乎所有地域、民族的建构模式都表现出与各自文化认知的同步性[10]。对比早期人类聚居的平面布局，不难发现其中的共性：

（1）聚居大都分为中心的公共单元和四周的个体单元两部分。公共单元多由规模较大的空间或体量较大的构筑组成，一般数量较少、密度较低；个体单元多由规模、体量大致均等的空间或构筑组成，一般数量较多、密度较大。

（2）根据用途差异，公共单元的属性可大体分为神性、权性、人性3种，分别对应原始祭祀、阶级管理和公物存放[22]；个体单元的属性则相对统一，主要用于家庭单位的起居。

（3）公共单元与个体单元之间基本保持向心、放射的图式关联，以及体量、数量、形态、疏密、细节等方面的差异对比。本书研究将这些共性称为“簇—群”联结，它们同时存在于中原乃至世界各地的聚居模式演化之中。

5.3.1.3 研究误区的普遍性

我国当前的传统村镇研究与开发实践普遍存在两方面误区：

一方面，重物质轻文化。即过分强调山水格局、建筑风格等实体要素的本初风貌还原，但常因还原精度的不足，致使开发理念呈现抄袭化、拼贴化的误区。

另一方面，重划分轻联结。即过分追求功能统一、尺度标准的理想规划策略，但又常因疏于对建构逻辑的复杂性考量，开发实践暴露出主观化、虚假化的误区。

5.3.1.4 理念更新的紧迫性

现下对于传统村镇的评价，主要以联合国教科文组织颁布的《保护世界文化和自然遗产公约》和《保护非物质文化遗产公约》为依据，虽然“文化景观”的价值内涵正在不断扩充，但这种数值量化的评定标准仍带有鲜明的“唯物”色彩。这是因为：

首先，传统村镇的风貌特质包括丰富的文化因子，其价值多寡界定本就易因审视视角的差别而引发争议，也很难仅凭单一维度的衡量指标客观表达其复杂的意指关系。

其次，除各级“名录内村镇”[23]外，如中原等地区还遗留着大量历史价值突出、遗存基底残破的村镇类型，若仅因统计或取证困难便降低其保护等级、滞后其开发进度，这种做法无疑有失公允。

5.3.2 “簇—群”联结理念的架构解读

5.3.2.1 理念的提出

有关传统村镇的风貌解析，任何一种学科都有可能得出自圆其说的结论，若仅止于理论探讨，那么百家争鸣的局面固然无可厚非。但问题在于共识达成的低保障率势必直接影响策略定位、推进梯度、修复成效等所有的后续环节。因此，本书研究将围绕如下逻辑进行理念架构：

（1）原真性考虑

传统村镇的开发目的，在于通过风貌修复来挽救珍贵的历史遗产，在于通过文脉重续以激起广泛的文化认同，在于通过品牌重塑从而有效解决资源禀赋的转型利用。这些目的均以“原真性”的保证为基本前提，

注[22]：“神性、权性、人性”的空间界定，主要出于社会阶层和劳动分工的差异剖析，当聚居社会出现了神性祭祀、部族管理、物资存放3种特殊的公共功能后，聚居空间中便相应出现了3类对应的承载空间。

注[23]：此处的“名录内村镇”，特指冠以国家级、省级名录头衔的“历史文化名镇名村”“景观村镇”“传统村镇”。

必须排除“今法古用”“借鉴抄袭”等本末倒置的惯性思维，从本初的建构逻辑和文化根源入手，甄别开发与保护间的脱节根由。

事实上，在20世纪20年代西方现代地理学传入我国之前，华夏先祖始终以一种朴素的哲学思维来指导地域建设——“本土地理学”[11]。此概念最早由北京大学的于希贤教授提出，它以“以风水、堪舆为理论基础，理顺了古代地理学史的演变脉络，具有依附于经史、相连于方志、揉融于风水、重视于地图等特点”[12]。本土地理学的思想内涵可被理解为一套文化意指与物质特征高度揉融的朴素经验集合。随着社会文化的成熟，聚居建构继续在阶级、协作、分工等意识觉醒中产生分化，当社会关系分异所造成的控制力反作用于聚居建构之上时，最终导致了在体量、规模、间距、密度、数量等要素或图式中构成对比的“簇—群”联结。

（2）全面性考虑

生长环境、文化圈层、资源基底等要素的不同，造就了传统村镇风貌构成的极大丰富，即便是同一地域区划、同一社会属性的两处村镇，也会在业态、信仰、习俗等方面存在细微差别。因此，理念架构应必须能够涵盖各地域、各类型、各时段的共性特征。同时，它应既适于展开针对特定个案的历时风貌剖析，又适于进行针对不同案例的共时风貌对比[24]。

“簇”与“群”，既分别指代两类不同的功能属性（满足特定需求的个体性、满足普遍需求的群体性），也用于表达两类不同的图式关系（图式核心的“簇”、图式附属的“群”），还用于折射两类不同的文化原型[神性（原始祭祀）、权性（阶级管理）、人性（公物存放）]。

（3）拓展性考虑

传统村镇的风貌解析既需要对历史演化机制进行反演，又需要对未来开发定位做出指导，这便要求理念架构能够具备良好的延续性和拓展性。从本质上看，“簇—群”联结是对地域聚居所做的经典模式提取，包括原型辨识[7]、文脉提炼[13]等内容细节。它既可为具体开发实践提供方法依据，又可为策略准适评价、景观预警机制等理论研究夯实前期基础。

5.3.2.2 操作的程序

（1）前期资料的获取

就大多中原地区的传统村镇而言，基础资料的获取仅限于3类渠道：

其一，村志、县志、地志等文献资料；

其二，航拍、测绘、照片等图文记录；

其三，问卷、录音、访谈等田野踏勘。

依照“簇—群”联结的研究视角，主要从文献资料中提取反映“簇”“群”属性变化的历史信息（业态成分、社会结构、资源依托等），从图文记录中提取反映“簇”“群”格局变化的物态信息（空间区位、

注[24]：碍于篇幅所限，本章仅以中原地区的一处传统村镇为例作历时风貌解读，有关案例间风貌对比的相关内容将在后续研究中陆续补充。

肌理形态、集散关系等），从田野踏勘中提取反映“簇”“群”意指变化的文化信息（普遍意义、专属内涵、转化机制等）。

（2）信息整合的逻辑

首先，从基本的文化发展规律入手，结合自然基质并依托资源、历史信息等客观条件，推导地域建构的原初“簇”“群”属性，梳理大致的发展轨迹。

其次，结合地域业态、社会构成、风俗起源等信息，确定“簇”“群”单元对景观格局的影响方式（如区位分布、组织结构、布局形态等）。

再次，将宏观的中原文化谱系同微观的地域文化脉络相比照，厘清其“原生—次生—衍生”的关系序列。

最后，将研究个案的时、空信息相嵌套，对“文化—肌理”的关联图式进行图式化表达。

5.3.2.3　应用的逻辑

笔者认为，根据现有遗存风貌和当下审美情趣制定开发策略的做法存在如下缺憾：

（1）由于木构建筑保存年代的“先天”局限，加之天灾人祸的历史破坏，大多传统村镇呈现“清一色”的明清风貌。

（2）除湘西等少数民族地区特色较为鲜明的地域外，像中原这样文脉构成复杂、遗存状态残破的地区很难在市场竞争中找到“起点优势”。

（3）基于某一特定时段的风貌修复，其结果只堪称“主题”，绝不可视为“文脉”。

以上种种，再加上主观臆断、手法抄袭等不当的行为倾向，都令开发成效难以让人认同。以下将以李渡口村为例，阐述基于“簇—群”联结理念的风貌解析思路。

5.3.3　李渡口空间肌理的基础信息获取

5.3.3.1　选取理由

将李渡口村作为例证对象，具有如下典型性：

（1）存在时间长。西汉初年，李渡口便因渡口而成村。在近 2000 余年的时间跨度中挖掘有益信息，将能够检验“簇—群”联结理念的信息提取能力。

（2）建制变化多。李渡口村先后经历了“村（成立之初）—渡口（西汉）—集（清）—镇（民国）—村（近代）”的建制变化。判定李渡口村的生长驱力，将能够检验“簇—群”联结理念的机制剖析能力。

（3）因子成分多。长时间的历史积蓄，李渡口村必然包含着多样的特色风貌因子，梳理其间的组织关系，将能够检验“簇—群”联结理念的轨迹反演能力。

（4）相似村镇多。郏县是河南省内历史村镇资源分布最为集中的地域之一，针对李渡口村的分析论述，将能够阐述“簇—群”联结理念的适用能力。

5.3.3.2 基本概况

李渡口村位于河南省平顶山市郏县县城 8 km 处（图 5–6、图 5–7），现存传统建筑 830 间（其中明清建筑 630 间），总遗存建筑面积达 20 000 m^2，于 2014 年入选第三批国家级传统村落名录，素有“东列黄

图 5–6 李渡口风貌（一）（上），图片来源：自摄

图 5–7 李渡口风貌（二）（下），图片来源：自摄

岗千古秀，西邻蓝河万代清”之美誉。截至本书行文之日，村落正按照郑州大学综合设计研究院主持编制的《李渡口村保护规划》（2015 年）进行风貌修缮。

5.3.4 李渡口空间肌理的历时演化轨迹推导

5.3.4.1 根据文化发展规律把握肌理轨迹演化的时段特征

文学中的“文脉”，被定义为“文学几千年发展中最高等级的生命和审美潜流”[14]，若从建筑学、风景园林学等专业角度审视，可解释为“人、自然环境、建成环境、文化背景在历史发展过程中动态、内在、本质的联系”[15]。受传统文化、地域习俗、建设体制等影响，文脉的形成过程包括两种时空逻辑：历时性关联（Diachronic）多表现为传统规约在时间层面上“因袭祖制”式的延续，以及单元建构在家庭、家族范围内的代际拓展轨迹；共时性关联（Synchronic）多表现为文化“从一处区域传到另一处区域，从一个群体传到另一群体的空间传播轨迹”。文化的发展规律表明，其绝不会长期停滞于某一水平。当暂时造成建设阻碍的技术、工艺或工具等限定条件一旦成熟，势必会在地域语境的引导下完成向更高层次的迈进[10]。作为具有自组织性的有机体，传统村镇在萌芽、发展、成熟 3 个阶段的风貌特征分别呈现出“自然之序—附加之序—人为之序”的递进性。

（1）萌芽期：自然之序的风貌解析

受生产力、生产技术的限制，人类早期聚居皆与环境、资源等自然要素密不可分，因此在选址倾向、建构形态、信仰原型等方面具有“地缘”特征。根据建设主体与自然客体的互动程度，“自然之序”的风貌特征可被分为直接、间接两个阶段：直接阶段，指依靠直观的功能感知与外界自然发生关联，如拟态的巢居、穴居；间接阶段，指依托综合认知所形成的理性空间印象。

在李渡口村的形成初期，正是出于对蓝河水源、水产等资源需求，各聚居单元呈现出由“无序分散”到“平行（沿河道）散布”的趋势，随着漕运上升为当地最主要的生产关系，第一批吻合于业态主体的空间载体（渡口）出现了（表 5-2）。

表 5-2 萌芽期：自然之序的风貌解析

生长阶段	文脉组织特征	空间肌理表现	生长图式还原
萌芽期（自然之序）	直接关联：基本的功能需求	沿河道散布的民居单元	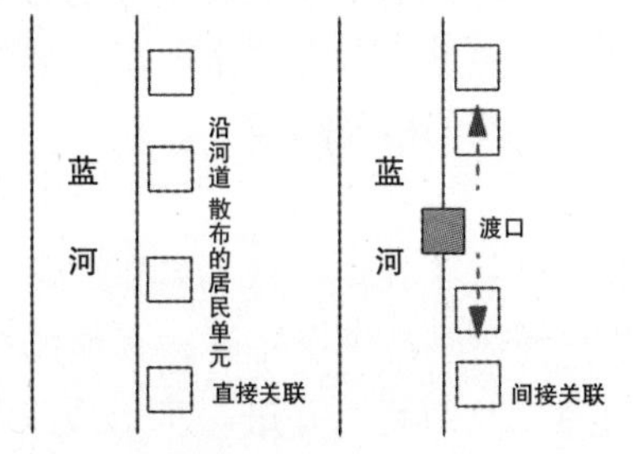
	间接关联：深层的空间印象	“簇”节点：渡口	

（2）发展期：附加之序的风貌解析

发展期的“附加之序”可细分为原生、次生两个阶段：原生阶段，指原生于本土自然或社会环境中，具本源性、标志性的文化关联；次生阶段，指原生文化因子在传播、传承过程中跨越简单的“边缘—中心”关系，而转化为共兼、变异的附加文化关联[16]。

这一阶段，由于漕运优势所造成的资源吸引，不断扩张的人群数量引发了更大规模的空间占用。李渡口村的格局生长呈现出如下轨迹特征：

a. 整体格局：当空间容量与空间需求的矛盾愈发激化时，村落格局自发表现出自西向东的内陆趋进态势。

b. 内部单元：在“聚族而居”的血缘纽带组织下，个体建构单元率先表现出先纵（家庭）后横（家族）的生长轨迹，又表现出由“散点”（家庭）向“组团”（家族）的建设趋势（李氏家族）。

c. 文化结构：李渡口村的原生文化原型是依托蓝河这一最大资源禀赋的地域风俗，如祈福之用的牛王庙和菩萨庙（如今均已无存）。其次生文化原型是以核心业态为依托的漕运文化，如承担内外交互之用的渡口（现已无存）。随着个别家族的崛起，以其家学传统为中心的建设态度（如形制审美）、风水信仰（如“五龙缠龟”的村落格局[25]）成为当地的衍生文化原型（表 5–3）。

表 5–3　发展期：附加之序的风貌解析

生长阶段	文脉组织特征	空间肌理表现	生长图式还原
发展期（附加之序）	原生关联：地域本源性	牛王庙、菩萨庙等神性节点，以及用于商品交换的街道	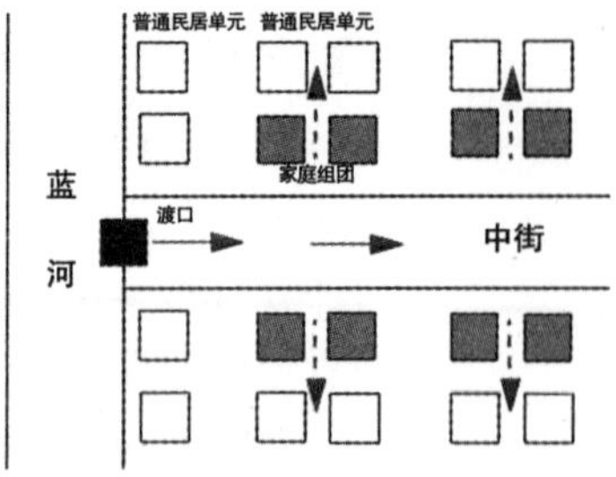
	次生关联：内涵附加性	以家族为代表的块状组团，以及“五龙缠龟”的整体格局	

（3）成熟期：人为之序的风貌解析

一般而言，界定地域文明成熟与否的指标如下：

a. 村落属性。随着漕运带来的内外商业交往愈加频繁，原本以“人—地”为基础的地缘交互关系逐渐转变为以“人—人”为基础的业（商）缘交互关系，其直接体现在“中街”替代“渡口”成为组织村落生活和空间关系的格局轴线。

b. “簇—群”关系。在村落属性转变之后，以李氏家族为核心的“簇”组团取代了渡口，成为新的“簇—群”关系重心：“启”字辈兄弟的宅邸自西向东沿正街排开，其他民居单元则相对均质地散布在“簇”组团的南、北两侧，并进一步形成了“北生活、南生产”的功能平面格局。

注[25]：“五龙缠龟”指村寨选址时，以中心街中点为圆心向四周发散的五条射线状的龙砂层，而这五条带状地质层犹如五条巨龙般将村寨缠绕。

此外，为抵御“蹚将”[26]所设的寨墙也从另一角度凸显了围绕李氏组团这一“权性”中心、具强烈内聚性的堡寨式风貌特征（表 5-4）。

表 5-4　成熟期：人为之序的风貌解析

生长阶段	文脉组织特征	空间肌理表现	生长图式还原
成熟期（人为之序）	层级关联：内部空间组织的文化秩序	院落、建筑等建构实体的形制、规模、装饰等级差别	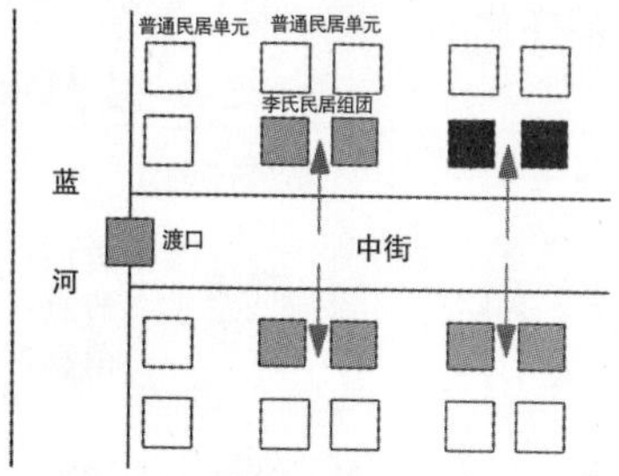
	场域关联：内外空间分隔的文化秩序	封闭的寨墙、“五龙缠龟”的风水格局	

5.3.4.2　既有策略的准适评价与调整建议

通过上述“簇—群”联结的风貌解析，能够清晰辨识地域文脉演化之于景观风貌的作用机制。再将还原得到的生长图式与既有开发策略相比照，不难发现其症结所在：

（1）疏于对地域文脉根源的深层考证：传统村镇的建构特征乃是一脉相承于传统中式世界观与审美体系的产物，其选址、形态的演化更是揉融了“言、象、意”的地域文化提升过程[17]，所以不应将二者进行剥离讨论。

（2）缺乏对遗存状态的细致化梳理：传统村镇开发所代表的城镇化进程已进入“精细化”建设阶段，但由于当前的开发理念和应对策略并没有及时做出调整，导致对风貌特征的剖析仅能触及共性符号的归纳，当面对风貌类型相近、文化背景同源、区位分布密集、遗存基质残破等实际开发障碍时，该问题便会愈发凸显。

我国的《文物保护法》中明确规定了“保护为主、抢救第一、合理利用、加强管理”的 16 字方针[2]，相较推翻重建的“暴力开发”、模式照搬的“速成开发”和拼贴杂烩的“混乱开发”而言，充分贴合地情实际的建设行为无疑更为可取。在以“簇—群”联结视角进行风貌解析的基础上，对后续的开发策略做出如下调整思考：

（1）调节文化主题，强化风貌叙事

依据还原的村落生长图式，不难看出李渡口村在各时段中的风貌演替始终保留有“簇”“群”的联结关系。但在现有规划中，却因建筑节点的打破而难以体现村落生长的时间序列。因此，可根据“蓝河文化（原生）—漕运文化（次生）—商缘文化（衍生）”的文脉结构增补或调整景观节点主题，如通过增加神祠、渡口、酒肆等具“簇”属性的节点，形成“神祠—蓝河”“渡口—漕运”“作坊—正街民居”等相对应的叙事情境。

注[26]：明清时期当地人对马匪的称呼。

（2）规划游赏项目，活化场景气氛

成功经验证明，若要保持历史场景的鲜活，关键在于自组织机制的激活。通过资源分类、功能置换、时段选择等方式，创造更多的主、客体互动条件。因此，可根据“簇—群”联结图示重新确定或组织片区功能，通过调整或完备项目内容以实现资源整合、意向凸显等目标，最终促成多样化的“簇—群”联结关系（表 5–5）。

表 5–5　基于联结多样性的资源整合

片区定位	资源整合	项目涵盖	风貌意向
蓝河文化区	簇：神祠 群：河道	类型：漕运场景还原 节点：码头、渡口、主题摄影、植物群落	自然风貌
漕运文化区	簇：酒肆 群：正街	类型：酒水文化体验 节点：酒肆、小吃、商铺	人工、自然的交混风貌
商缘文化区	簇：李氏组团 群：普通民居	类型：家学文化、宗族文化、风水文化等 节点：名人轶事、遗物、真迹	明清风貌：建筑为主

（3）促进内外游赏交互，实现风貌活化

与互惠性、回报性、重复性和封闭性的“强联结”相比，非重复性、非回报性、多边性和开放性的“弱联结”更能孕育丰富、大量的文化讯息[27][18]。上述“簇—群”联结关系的分析表明，李渡口村的原住居民与游赏受众之间长期维持“强联结”的“弱交互”关系。因此，可遵循表意多重性、空间含混性和时间重叠性等“活态化”标准，依据归纳和提炼出的多样“簇—群”联结结构，在片区、节点、主题、资源之间建立弱联结关系。

5.3.5　体悟与思考

传统村落的开发目的，不仅在于普及和传递文化遗产的历史价值，更在于通过文化自信与自豪感的唤醒来培育一种地域保护自觉[19]，而基于“簇—群”联结视角的研究思路，价值与问题并存。

价值方面：

第一，以文化为楔入的研究逻辑，宜于规避遗存状态残破、信息取证困难等苛刻研究障碍。

第二，以景观信息图式（或图谱）的方式表达“簇—群”联结关系，宜于精细甄别开发过程中导致古今风貌异化的症结。

第三，正因“簇—群”联结理论具有良好的延展性，可在此基础上对如景观预警、开发评价等工作做出进一步深化，形成风貌修复准适评价的系统策略，填补专项研究空白。

问题方面：

注[27]：社会学中用于表述人际关系的强、弱联结，原本写作“链接”。根据《现代汉语词典》第 7 版的解释，“链接”指计算机程序的各模块之间传递参数和控制命令，并把它们组成一个可执行的整体的过程；“连接”指（事物）互相衔接；“联结”指结合在一起。研究认为，“联结”更能够表达文物、身心、主客之间更丰富的统一，故行文中作“联结”解。

第一，“簇—群”联结理论是基于文化发展规律所做出的方法探索，虽然文化人类学、文化地理学、文化社会学等诸多理论已证明了此类研究的科学性，但面对类型庞杂的传统村落对象时，仍需花费大量的时间和精力用于厘清原型、文化、肌理间的组织关系。

第二，由于某些特殊孤例的存在，还需在日后研究中陆续对“簇—群”联结理论的灵活性和丰富性进行补充。

参考文献

［1］张浪．试论城市绿地系统有机进化论［J］．中国园林，2008（1）：87-90.

［2］中华人民共和国住房和城乡建设部，国家文物局．历史文化名城保护规划编制要求（建规〔1994〕533号）［EB/OL］．（1994-09-05）. http://wk.baidu.com/view/ 20 a 8 e35 10661 ed 9 ad 5 1f 38 c.

［3］宋河有，长安，吴艳茹．城市旅游主题化发展的动态变化分析［J］．现代城市研究，2015（2）：94-98.

［4］荆紫关镇门户网站［DB/OL］．（2015-08-06）. http://jingzig.xichuan.gov.cn/jzgzz/index.htm.

［5］刘磊．基于“簇—群”联结的传统村镇风貌解析与修复——以李渡口村为例［J］．中国园林，2018，34（5）：28-32.

［6］陈江风，顾艳玲．文化生态保护区中的民俗生态保护臆说［J］．郑州轻工业学院学报（社会科学版），2011，12（1）：40-45.

［7］刘磊．以原型辨识为导向的传统村落保护与开发策略：以豫南新县西河大湾村为例［J］．现代城市研究，2017（9）：48-54，84.

［8］王纪武．人居环境地域文化论：以重庆、武汉、南京地区为例［M］．南京：东南大学出版社，2008.

［9］刘磊．中原地区传统村落历史演变研究［D］．南京：南京林业大学，2016.

［10］阿摩斯·拉普卜特．文化特性与建筑设计［M］．常青，张昕，张鹏，译．北京：中国建筑工业出版社，2004.

［11］于希贤，于涌，黄建军．旅游规划的艺术：地方文脉原理及应用［M］．重庆：重庆出版社，2006.

［12］贺曲夫，谢炳庚，曾毅，等．中国传统地理学之浅见［J］．地域研究与开发，2003，22（2）：12-15.

［13］刘磊．河南林州石板岩民居和吴垭石头村景观肌理比较［J］．林业科技开发，2015，29（2）：142-146.

［14］余秋雨．中国文脉［M］．武汉：长江文艺出版社，2013.

［15］刘磊，张晨笛，张青萍．传统历史文化名镇的景观肌理弥合：以神垕镇老街和白衣堂街为例［J］．地域研究与开发，2015，34（6）：76-81.

［16］顾江．文化产业研究［M］．南京：南京大学出版社，2006.

［17］朱建宁．“立象以尽意，重画以尽情”：试论意境理论的文化内涵与创作方法［J］．中国园林，2016（5）：86-91.

[18]露丝·本尼迪克特.文化模式[M].王炜，等译.北京：生活·读书·新知三联书店，1988.

[19]陈江风，顾艳玲.文化生态保护区中的民俗生态保护臆说[J].郑州轻工业学院学报（社会科学版），2011，12（1）：40-43.

6 “有证”情境下的中原传统村落参数化解析实证

街巷是传统村落景观风貌中最核心的肌理构成要素，也是地域文化生活最直接的空间载体。除基本的交通功能外，街巷往往作为风貌格局的支撑骨架。然而，此前很长一段时间，人们都将传统街巷的肌理有机性与杂乱无章混为一谈，忽视了其使用功能与朴素审美高度揉融的魅力[1]。随着人们逐渐认识到近现代出行方式对感知精细度的不良影响，开发思路已愈加注重对“模式化、规则化”现代主义狭隘规划思想的摒弃[28]，因此，开展宜于精确呈现传统村落街巷空间形态特征的参数化解析策略，无疑具有深刻的研究价值。

6.1 面向特定风貌层级的参数化解析策略：街巷

6.1.1 案例选取依据

石洞沟村（图 6–1、图 6–2）位于豫中地区荥阳市高山镇，距郑州市区约 50 km。古村曾经属汜水县管辖，是当时通往东京洛阳的唯一路径。如今因其传统民居的遗存颇具规模、地域民俗较有特点，于 2016 年入选第四批“国家传统村落”保护名录[29]。村落东西长约 9 km，南北宽约 6.5 km，选址于西、南、北 3 岭合围的丘陵谷地，地势西南高东北低，东面澄古川溪，恰合风水中“负阴抱阳”的“龟地”吉相。被誉为“商相故里”的石洞沟，传说是商王武丁时期宰相傅说（yue）的诞生地[30]，据明嘉靖手抄本《汜水县志》记载：“傅说，商名贤，汜水人也。城西傅岩涧，涧水坏道，创版筑术筑路。”又有清乾隆三年汜水县令许勉燉著《傅岩里商相祠堂记》：“予初莅汜水，观邑志所载，城西傅岩里，旧有商相祠，久废。”除保存完好的遗存规模和颇有特点的地域民俗外，选择石洞沟村的街巷进行研究，主要出于如下两点典型性考虑：

（1）由于村落缺少能够为开发提供依据的史证资料，而开发又不能单纯凭借主观倾向偏离地情实际，所以亟须寻得方便史证资料与地情实际衔接的学理平台。调研发现，与其他肌理要素相比，石洞沟村的街巷网络虽因交通、生活等客观需要经历过拓宽、改道处理，但整体格局依然大致保持着原真的自然生长状态。通过对街巷空间形态的数据推敲，可以推导出其与实际功能承载的密切程度。

（2）从现有遗存状态来看，3 处民居片区的分布过于孤立，现有的遗存精华和宣传重心又突兀地集中在商相祠节点上，其余物质和非物质资源无法形成完整的地域 IP。这不仅直接决定了景观风貌的修复质量，也深刻影响着游客体验的认知饱满度。本书认为，基于街巷空间形态的参数化解析，宜于对后续特色资源串联和旅游线路设计提供导向。

（3）村落在申请传统村落名录时，曾由北京世纪千府国际工程设计有限公司拟订了总体规划方案，但直接用于施工的基础设施更新、景观

注[28]：现代主义规划大师勒·柯布西耶曾将弯曲的传统街巷形态斥之为“驴行之道”，并提出“只有消灭街道，才能真正迈入现代城镇规划”的偏激口号。

注[29]：石洞沟村现存的传统民居共分 3 个片区，分别是依附案山的河东明清古民居群、依附蝎子山的南街明清古民居群、依附蜘蛛山的林门明清古民居群。据考证，这些民居的建造年代最早可追溯至明洪武四年（1371 年），距今已有近 650 年的历史。

注[30]：傅说是活跃于商朝第 22 帝武丁时期的著名宰相，因在征服水患时发明“版筑术”而闻名，被中国社科院定性为“华夏第一圣人”。相传正是在其辅佐之下，才成就了殷国的“大治”盛况。后世将傅说与武丁的对话编为《说命三篇》，被历代帝王奉若理政宝典，此书也为孔子的治世哲学奠定了思想基础。

风貌提升、旅游路线设计等内容细节涉及较浅。截至本书行文之日，村落的开发工作尚未全面展开。以街巷空间形态特征的参数化解析为楔入，能够为村落建设提供及时帮助。

6.1.2 参数化解析步骤

鉴于路径长度、断面宽度、沿街建筑高度等量化指标只能提供局部或片段化的空间描述，无法同时呈现村域范围内的总体空间形态特征以及特征变化模式[2]，本书主要通过街巷网络线密度、网络面密度和网络渗透性来进行论证。基本逻辑说明如下：首先，沿村落外围绘制1000 m × 1000 m的边界，该界域将作为所有街巷分析的标准范围。其次，

图6-1 石洞沟村风貌（一），图片来源：http://blog.sina.com.cn/herrxjf 2006

图6-2 石洞沟村风貌（二），图片来源：http://blog.sina.com.cn/herrxjf 2006

由于传统村落的生长是自下而上的，且石洞沟村并不能提供历代道路演化的史料证明，故本路网系统中的道路级别仅按照连接关系进行等级界定。最后，所谓一级路，是指直接贯穿村落整体的主干路；二级路，是指某端连接于一级路上的巷道；三级路，是指某端连接于二级路上的巷道，依此类推。此外，为便于计算，各级道路的宽度以该路径上实际勘测尺寸的平均值为依据（图 6–3、图 6–4）。

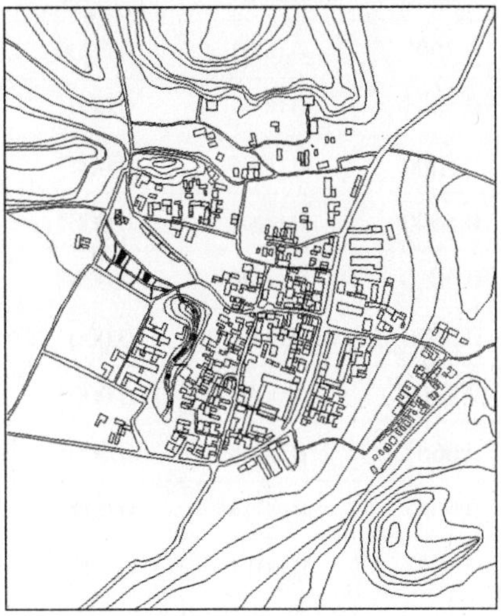

图 6–3　石洞沟村平面（左），图片来源：自绘
图 6–4　石洞沟村路网结构及连接序列示意（右），图片来源：自绘

6.1.2.1　街巷网络线密度、网络面密度、网络渗透性的参数化表达

（1）网络线密度（N_1）

网络线密度最初是交通工程中最常使用的网络密度计量方法，是指单位地块内街巷网络路径长度总和与地块面积的比值。

$$N_1=\sum L_x/A$$

其中，N_1 为街巷网络线密度，单位为（m/m^2）；L_x 为路网中的路径长度；A 为地块面积。根据街巷网络线密度公式对村内 24 条街巷进行密度测算（表 9）。

（2）网络面密度（N_a）

网络面密度是指单位地块内街巷网络所占的面积比率。

$$N_a=A_n/A$$

其中，N_a 为网络面密度；A_n 为地块内街巷网络面积；A 为地块面积。根据公式对村内 24 条街巷进行密度测算（表 6–1）。

（3）网络渗透性（P）

网络渗透性代表了“一个二维平面区域被交通可达空间渗透的程度”[3]，可通过网络线密度与面密度的乘积进行表述。

$$P=N_1\times N_a$$

相比于网络线密度或面密度指标，其更能准确地表达街巷网络空间形态对地块中运动流的影响。

表 6-1　石洞沟村街巷网络空间形态特征的参数量化统计

名称	L_x/m	A/m^2	N_1（L_x/A）	N_a（A_n/A）	P（$N_1 \times N_a$）
A1	1460	8762	0.1666	1.9014	0.3168
B2	813	3254	0.2498	7.6767	1.9176
B3	254	1014	0.2505	0.0002	0.0001
B4	554	2218	0.2450	0.0001	0.0000
B5	395	1578	0.2503	0.0001	0.0000
C6	391	781	0.5006	0.0001	0.0001
C7	463	926	0.5000	0.0005	0.0003
C8	574	1148	0.5000	0.0004	0.0002
C9	365	730	0.5000	0.0006	0.0003
C10	523	1047	0.5000	0.0004	0.0002
C11	487	974	0.5000	0.0005	0.0003
D12	588	882	0.6667	0.0008	0.0005
D13	100	150	0.6667	0.0044	0.0029
D14	259	389	0.6658	0.0017	0.0011
D15	369	534	0.6910	0.0013	0.0009
D16	165	248	0.6653	0.0027	0.0018
E17	572	687	0.8326	0.0012	0.0010
E18	493	592	0.8328	0.0014	0.0012
E19	193	232	0.8319	0.0036	0.0030
E20	146	175	0.8343	0.0048	0.0040
E21	45	54	0.8333	0.0154	0.0128
F22	225	270	0.8333	0.0031	0.0026
F23	87	105	0.8286	0.0079	0.0065
F24	115	138	0.8333	0.0060	0.0050

（表格说明：A 为一级路，$W \approx 6$ m；B 为二级路，$W \approx 4$ m；C 为三级路，$W \approx 2$ m；D 为四级路，$W \approx 1.5$ m；E 为五级路，$W \approx 1.2$ m；F 为六级路，$W \approx 1.2$ m。）

6.1.2.2　街巷网络线密度、网络面密度、网络渗透性的参数化解析

通过观察发现：首先，与其他街巷相比，A1 和 B2 具有更大的尺度（长、宽），其线密度、面密度和渗透性也明显较高；其次，线密度与不同宽度的道路级别大致呈反向对应关系，道路级别越高，其线密度越低，而同级别宽度的街巷，其线密度值则基本均质；再次，线密度、面密度和渗透性三者间呈对应关系，线密度越高，则其面密度和渗透性也相对较高[4]。

将解读出的街巷空间形态特征与实际现状相比照，B3~F24 的街巷恰恰适应于古时慢速交通模式（步行或畜力）对道路网络的尺度需求，其形态也更为精细，符合历史街巷的形态。A1 和 B2 的街巷对应于快速交通模式（机动车）的需求，其形态也更为粗犷，可归于新建的现代街巷[5-8]。再反观既有开发方案，街道 A1 被当做景观大道处理，如 D14、F22、F24 等街巷则被有意无意地忽视了。

6.1.3 总结与反思

如何在遗存基质残破、史证资料缺乏等非友好开发条件下，精准识别并提炼地域建构的特色，是大多数中原地区传统村落开发所不可回避的技术难题[9]。以街巷空间形态为楔入的参数化解析策略，清晰而形象地表达出特定地域文脉之于地域建构肌理的影响[10]。同时，通过网络线密度、面密度、渗透性等指标的配合，系统地搭建起一套准适于地情实际的量化分析框架[11]。在后续研究中，可凭借此策略实现对同地域同类型、异地域同类型等传统村落肌理差别的精细类比，为景观特色评价、预警机制构建、数字平台建设等深化研究夯实基础。

6.2 基于“社—空”结构还原理念的空间肌理特征修复策略

6.2.1 案例选取依据

王家辿村地处河南省鹤壁市鹤山区太行山深处，距鹤壁市中心 50 km 左右，东面与齐家寨相邻，南面临黄庙沟省级森林公园，西接林州东姚镇齐街村，北面临洹河与安阳县接壤，在历史上曾有“三交之地”之称[12]。

王家辿村是典型的中国北方山区传统村落，始建于明代，面积约 15 公顷。2013 年被国家住建部评为“中国传统村落”，村落现今依旧存在着大量保护完好、价值较高的古建筑群，建筑以山地石砌建筑为代表，融合自然山水、历史文化为一体。村落依旧沿用传统的生产生活方式，活态地保存了中原传统农耕生活和文化的演变史（图 6–5、图 6–6）。

6.2.2 王家辿村的“社—空”结构还原

本书依据事物发展的规律来把握村落风貌“社—空”结构的历时性关系，并以共时性关系来揭示村落风貌“社—空”结构横向结构关系。村落作为一个发展的有机整体，其风貌特征可分为萌芽阶段、发展阶段、衰落阶段 3 个阶段来分析。

图 6–5　王家辿村风貌（一），图片来源：百度网

图 6–6　王家辿村风貌（二），图片来源：百度网

6.2.2.1　萌芽阶段

因社会关系和生产力生产技术的限制，早期人类聚落的形成缘于当地良好的自然环境和丰富的自然资源。人们依据村落所在地的环境和资源，形成与地域相适宜的生活方式和生产方式，结合环境形态和本土材料形成了具有浓郁环境和地域特征的村落风貌。

王家辿村在形成初期，因对生活安全和丰富的自然资源的需求较大，故选择在南太行山脉形成聚落，背依三山，面朝河谷，借助丰富的山地资源和独特的山地地形，在生活和生产单元建造过程中形成独特的石制构建方式和等高线阶梯分布的村落格局，这种特征构成了传统中原山地村落的风貌雏形（表 6–2）。

6.2.2.2　发展阶段

发展阶段是社会结构与空间结构不断发展、协同直至“社—空”结构形成相对稳定、和谐的模式。在此阶段，王家辿村的风貌结构生长呈

表 6–2　萌芽阶段风貌解析

阶段	社会构成结构	空间构成结构	结构分析图	拓扑图示
萌芽阶段	南太行山脉山地自然环境	依托山地等高线构建的村落结构；本土材料建造的建筑与设施	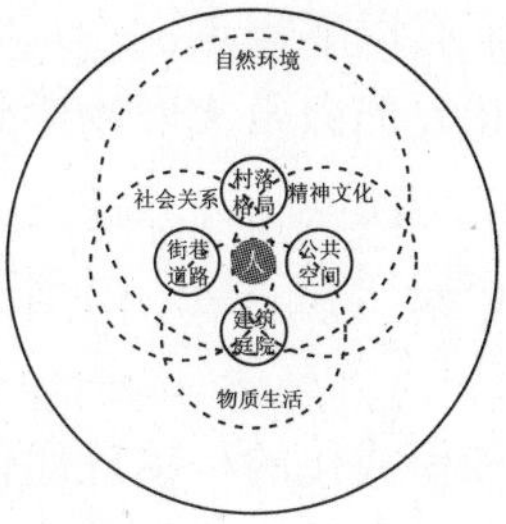	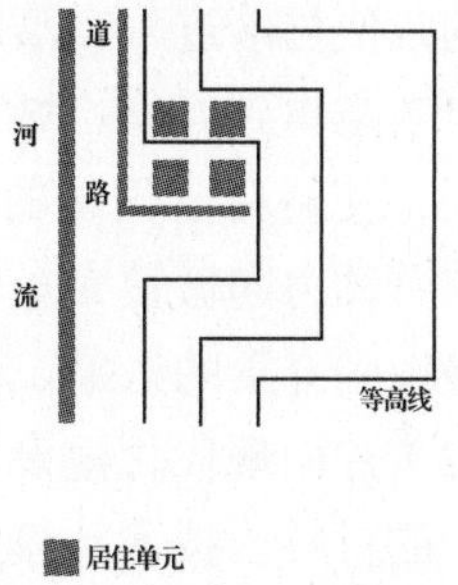

现以下特征：

（1）物质生活发展，形成村落整体格局：在村落漫长的发展过程中，小农经济不断发展，人口繁衍生息，社会需求与空间容量由此产生矛盾，为适应发展的社会需求，在田地、建筑、设施等单元的兴建和维护过程中村落格局自发沿等高线向上阶梯式扩大，逐渐形成了村落的整体格局。

（2）社会关系完善，构建村落结构次序：王家山山村是王氏血缘式聚落，是以血缘关系为基础构建的稳定社会关系体系。建筑单元在血缘主导的社会关系下形成由家庭到家族、由散点到组团的建设趋势，并具有纵（家庭）与横（家族）的次序关系，街巷也依附于建筑次序而形成道路等级次序。

（3）精神文化凝结，营造村落公共空间：生活生产的满足和社会的稳定激发出人们对精神文化的需求。王家山民居依托中原这一资源丰富的原生地域风俗文化，形成位于村落核心的文化空间，如宗教文化空间（玉皇殿、奶奶庙、土地庙、戏楼），并演变出独有的次生文化和文化空间，如王家血缘的家族文化、红军驻地的红色文化、地域生产形成的生产文化（香椿节），这些文化空间和精神文化活动营造出了村落主要公共空间结构和内在氛围（表 6–3）。

表 6–3　发展阶段风貌解析

阶段	社会构成结构	空间构成结构	结构分析图	拓扑图示
发展阶段	小农经济为主的物质生活发展；以血缘关系为核心的社会结构完善；依托中原传统文化发展和衍生的精神文化构建	村落结构扩大完善；建筑与道路肌理生长；公共文化空间形成	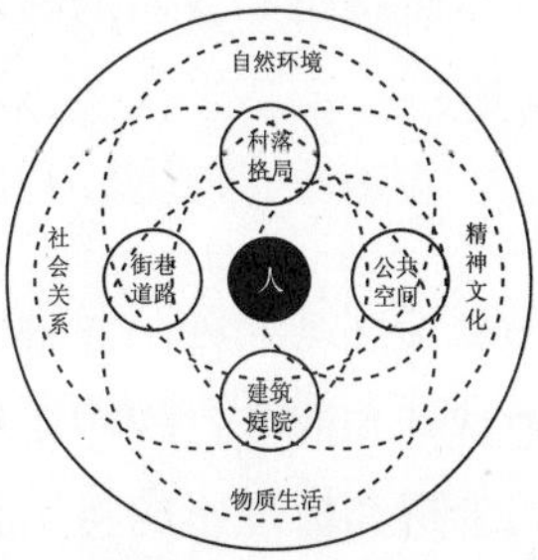	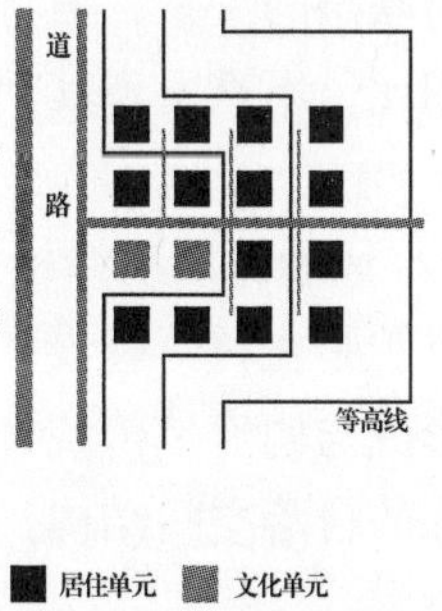

6.2.2.3　衰落阶段

市场经济、现代文化、新型社会关系等构成的现代社会结构超脱出小农经济和传统文化下创建和演化的村落空间结构。空间结构不满足社会结构致使村落进入衰落阶段，其特征有以下特点：

（1）空巢到弃巢：城市化、经济化发展以及人们物质生活需求的极大发展，使得村落传统的物质环境无法满足需求，大批农民入城务工，人员与劳动力向城镇大量转移，在城市安居和定居，村落逐渐出现了空巢再慢慢到弃巢的景象。

（2）片面现代化建设：在经济化和模式化的村镇现代化建设中，使用现代的材料、技术和模式，无视长期演变和构建的村落机理、建筑风貌，进行粗率、大破大立的更新建设，致使村落风貌出现了差异，传统风貌出现断层。

（3）本土文化与社会关系消逝：经济化、物质化的现代文化和社会关系普及，传统本土文化（历史记忆、传统技艺、民间智慧）和社会关系（宗族传衍、乡约乡规）被现代化的文化和新型社会关系所取代，承载本土文化的文化空间（庙宇、戏楼、古水口等）和空间次序（建筑形制、空间肌理等）也随之逐渐破损，渐渐消逝（表 6–4）。

表 6–4　衰落阶段风貌解析

阶段	社会构成结构	空间构成结构	结构分析图	拓扑图示
衰落阶段	现代物质生活需求极大扩展；传统社会关系和精神文化衰退	村落空巢—弃巢趋势，建筑失修损坏；风貌更新出现差异化；文化空间消损	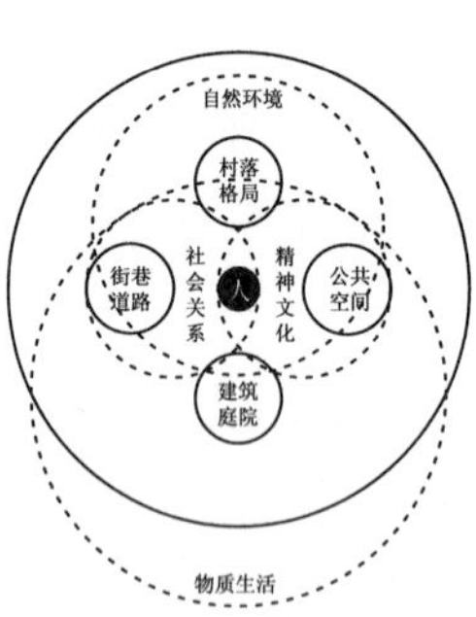	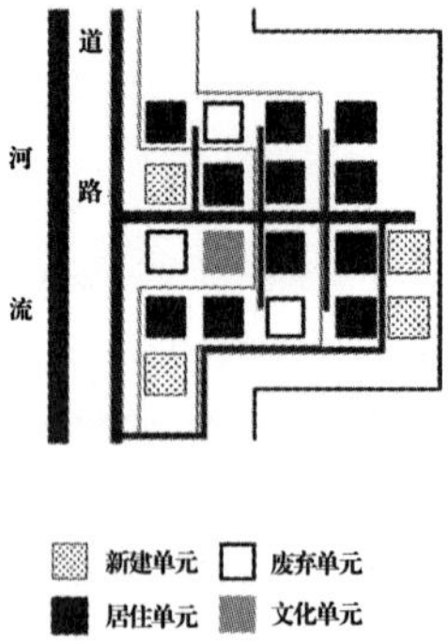

6.2.3　王家辿村的空间肌理特征修复症结分析

基于村落风貌的“社—空”结构分析，较为明晰地表达了两者之间演化与联结的关系，再将还原得到的风貌结构和普遍的村落研究与开发策略相比，不难发现其问题所在。

6.2.3.1　风貌深层次结构解析缺乏

风貌是在村落建设和发展过程中展现的整体性的联觉形象，传统村落的形成与构建是传统社会结构在地域性和演变过程中所糅合形成的斑驳错综的村落空间结构，对其风貌的分析和梳理不应将二者剥离。

6.2.3.2 风貌细致化结构考证不足

风貌细致化结构考证不足导致对风貌特征的解析仅能触及共性特征的归纳和修复，这将使同一区域相似风貌与文化背景下的村落在风貌修复和开发过程中失去其独特性，造成“千村一面”现象。

6.2.4 王家辿村的空间肌理特征修复和风貌修复策略

通过对村落风貌的“社—空”结构的解析，结合社会构成结构与空间构成结构的发展与连接关系，笔者提出以下村落风貌修复策略：

6.2.4.1 内在与外在并重

空间结构是风貌的外在基质，是维系村落传承和孕育优秀文化记忆的基础。社会结构是风貌的内在灵魂，其内在的优秀文化是联结人与人之间、人与空间之间的纽带。两者共同的保护与发展，是风貌活化与传承的重要因素。

在村落风貌修复中，要对孕育和承载村落历史与文化的空间和肌理（庙宇、戏楼、水口、工坊等）重点修复和传承，并追寻和还原村落优秀的文化脉络，培育和发展文化活动（社火、戏剧）、传统技艺（榨油、纺织）和民间智慧（风水理念）等非物质文化遗产，“社—空”结构共同修复以实现村落风貌活化传承。

6.2.4.2 保护与发展并重

村落风貌作为统一的有机整体，具有转换性和自律性，具有自我调节、持续发展与演化的能力。村落风貌不是静态的“古董”，是发展的、更新的，对于村落风貌的修复应保护和发展并重。在社会结构发展的过程中，空间结构应以延续和控制的方式在保护中进行演变和更新，结合本地域的空间（山地阶梯空间）、材料（山石、木材）、结构（石砌结构），替换空间功能，在注重历史在空间中的演变特征中重新调整结构。在传统社会结构的传承中对具有个性化和典型化文化意义的内容加以培育、提升和强化，在此过程中添加新的时代要素，产生新的文化特征，使风貌传承和延续。

6.2.4.3 社会性与经济性并重

村落风貌的传承和保护极具社会性价值，但脱离经济性就会失去其发展和延续的重要动力，良好的社会性和经济性发展是带动村落风貌保护与发展的牵引力。

传统文化复兴、村落旅游的兴起以及人们对品质生活的追求，为王家辿村村落风貌保护的发展提供了重要的社会和经济动力。依托传统村落丰富的文化底蕴和与自然环境和谐交融的人居环境发展旅游业、文化产业等第三产业；以丰富自然物产（无公害作物、野生柿子、香椿等）、传统的手工技艺（纺织、刺绣、榨油等）为基础发展精细化、高品质的具有地域特色的产业，为王家辿村的风貌修复提供重要的经济保障。

6.2.5 总结与反思

传承村落风貌特征，保持个性化的风貌特色，彰显其村落独特价值，是村落保护和传承的价值体现。本节通过“社—空”结构对村落风貌进行剖析，并以此提出风貌内在与外在、保护与发展、社会性与经济性协调的修复策略，以期实现村落风貌的传承和发展。

参考文献

[1]刘磊 . 中原地区传统村落历史演变研究 [D] . 南京：南京林业大学，2016.

[2]苑思楠 . 城市街道网络空间形态定量分析 [D] . 天津：天津大学，2011.

[3]斯蒂芬 • 马歇尔 . 街道与形态[M]. 苑思楠，译 . 北京：中国建筑工业出版社，2011.

[4]刘磊 . 传统村落的文脉辨识、提炼及应用——以中原地区为例 [J] . 世界地理研究，2018（4）：78-81.

[5]刘磊 . 传统村落景观肌理的原型辨识及应用——以河南省新县西河大湾村为例 [J] . 地域研究与开发，2018，37（2）：163-166.

[6]刘磊 . 基于“簇 - 群”联结的传统村镇风貌解析与修复——以李渡口村为例 [J] . 中国园林，2018，34（5）：28-32.

[7]刘磊，张青萍 . 河南林州石板岩民居和吴垭石头村景观肌理比较 [J] . 林业科技开发，2015，29（2）：142-146.

[8]刘磊，张晨笛，张青萍 . 传统历史文化名镇的景观肌理弥合——以神垕镇老街和白衣堂街为例 [J] . 地域研究与开发，2015，34（6）：76-81.

[9]刘磊 . 以原型辨识为导向的传统村落保护与开发策略——以豫南新县西河大湾村为例 [J] . 现代城市研究，2017（9）：48-54，84.

[10]陈江风，顾艳玲 . 文化生态保护区中的民俗生态保护臆说 [J] . 郑州轻工业学院学报（社会科学版），2011，12（1）：40-43.

[11]童磊 . 村落空间肌理的参数化解析与重构及其规划应用研究 [D] . 杭州：浙江大学，2016.

[12]李莎莎 .“美丽乡村”背景下的鹤壁市传统村落保护与发展研究[D]. 郑州：郑州大学，2016.

7 结论与展望

7.1 研究结论

通过对中原地区传统村落景观风貌的解析，本书归纳出一套在物质遗存状态残破、史证资料缺失严重的条件下开展专题研究的思路和方法。回顾研究伊始所提出的若干问题，认为如下结论能够达到预设的目的：

7.1.1 找到一条能够突破特殊地情条件限制的楔入路径

面对中原地区传统村落研究所长期面临的遗存状态残破、史证缺失严重、特征辨识模糊等地情条件限制，综合运用人类学、建筑现象学、环境行为学等专业知识，充分基于“中原文化始源性、连贯性”等禀赋优势，从建构文化的形成分析入手，通过分析不同时期内共性或个性的“建筑现象”，甄别其背后所隐藏的文化组织规则和初始建构原型，从而获得对其生长动力机制、特色形成机制的整体把握。

诚然，这条楔入路径的选择，既有对遗产价值评价标准非准适于中式传统建构逻辑的顾虑，又有对既有研究重“量化”、重“数据”等惯用套路的回避。但无论如何，能够在尊重地情实际和历史原真的基本前提下，形成了相对完整而系统的分析逻辑。

7.1.2 归纳一套与地域原真吻合度高、尊重传统建构规则的景观风貌解析策略

通过大量的学术文献梳理，能够了解到国外相关研究的理论著述无不忠实于研究对象、地域的本体实际。同时，根据对国内外认知哲学渊源的类比，以及对中式（中原）传统建构特质的分析，能够得知以传统村落为代表的地域建设事实上严格恪守着一套体系严谨的本土指导原则。因此，在景观风貌解析的过程中很难也不能将所谓的物质特征、文化特征作“1+1”式的拆解。本书研究从萌芽期建构原型的甄别开始，便将二者视为统一整体，并从属性分异、文化意指、肌理指向等方面详细解读了建构认知由“共性”到“个性”的转化根源。继而通过发展期、成熟期两个时段的论述，更加形象地说明了“原型—文化—肌理”之于中原地区传统村落风貌演变的关联作用机制。

这种解析策略既较好地吻合了地域固有的中式建构逻辑，又符合联合国教科文组织有关“文化景观”认知原则的要求，从根本上避免了粗暴否定地域实际、将物质要素特征等同于整体风貌特征等不当视角。

7.1.3 总结一套应对具体开发实际、开发问题的针对性风貌修复策略

对于具体的保护和开发工作而言，各执一词的策略、理念、方法无益于其成效的切实提高。同样，对于学术层面的理论研究而言，有些因

特指于某一村落而不具备普及意义，有些因偏执于基础设施、建筑质量、绿化面积的风貌提升而忽视了地域文脉的重塑。

基于上述考虑，研究将中原地区传统村落开发中的实际问题分为已开发村落——策略准适判断、未开发村落——策略提炼、同类开发语境村落（风貌类型相近、区位分布密集）——风貌特色精细类比等几类论证条件，将前文总结的理论成果代入其中做出深入论证。

7.2 研究思考

传统村落的保护与开发研究是一项繁杂而浩大的工程，本书中提及的景观风貌解析方法和脉络梳理框架仅完成了最初的一步。在后续的工作中，对有些核心的理念和组织的逻辑仍有必要摆上案头，以时时警醒自己不断对其作出补充和深化。其中，笔者认为最为重要的地方有二：

7.2.1 时间与成效

正如传统村落的风貌形成并非一日之功，同样，对其保护和开发的思考也永远没有“终止”的一天。关于时间投入与成效回报的问题，更要秉承旷日积晷的态度来完成。

首先，“整治”本身远比“修复”更为复杂。美学层面的风貌修复只是保护与开发工作的初级阶段；地域文脉的续接，文化内涵的找回，价值观念的扭转，更新动力的激活……绝不仅是精确、理性的“预算”所能获得的。

其次，顺应时代背景的“整治”，必然需要统筹如住房结构、效益实现、人员安置、土地权属等应时性的诸多因素；复杂的、烦琐的因素和条件，必然要求对策略准适性和普及可行性等多方平衡的慎重推敲。这都势必会影响投入时间与收回成效的比重。

7.2.2 保护与开发

保护与开发的优先级是每一项传统资源再利用策略出台前，决策者、规划者和执行者首先必须斟酌的无上律例。然而，在实际贯彻中，二者的权重往往在自觉或不自觉间发生着由“正倾斜”（保护>开发）向“负倾斜”（保护<开发）的转化。

首先，我国的《文物保护法》（2002 年）明确规定了“保护为主、抢救第一、合理利用、加强管理”的 16 字方针。不懂得或不尊重“保护是第一性”的开发建设行为，一定没能真正认清传统村落的独特价值和巨大意义，这种错位性的工作态度，也必然会为传统村落（镇）的保护与开发带来极高的风险。

其次，申遗的效力并非终身制，“历史文化名村”“传统村落”“景观村落”等名号仅仅代表了一种非法律概念的称号。尽管“申遗”的方式易于获取显著的经济效益、社会影响、市场需求，但需谨记的是，在成功之后，其文物唯一性、不可再生性和不可替代性仍然受到国际、国内相关机构与社会民众的持续监测和监管[31]。

7.3 研究展望

本书行文的结束也是深入研究的开始，碍于篇幅和时间的限制，对个别问题的分析并未能够在初成的框架基础上做到全面、深入的阐释或论述，在日后的研究中，值得继续挖掘的内容如下：

7.3.1 框架的充实

按照时间线索所建立起的“建构原型甄别—文化规则剖析—表征风貌解读”分析体系，是对中原地区传统村落风貌演变中最关键特质和最核心机制的总结与提炼。但受个人精力和写作时间的限制，必定会存在对个别地域或特殊孤例的疏漏。因此，还需对这些地域和案例进一步甄别、分析，力争使现有的框架更充实。

7.3.2 图式的细化

诸如原型辨识、文化规则、生长轨迹等问题的图式化表达，是在统筹地域发展和文明进化规律基础上所做出的解读。近年来，虽然学界对文化模式、文化构成、文化组织等问题的关注逐渐升温，但其与物质肌理及地域实践间多样、复杂的作用关系的表达仍然存在着一定的模糊性。因此，基于中国本土地理学视角的文化图解还原只是一种尝试，还不完整，有待于细化和推敲。

7.3.3 理念的具化

“簇—群”理念的真正实现，除书中涉及的文化内因、肌理表象、更新机制、时事政策等条件外，还关系到来自多学科领域、多知识层面的通盘搭配与高效补充，如我国现行法规中重在制约、疏于引导、标准欠缺等弊端，如在我国经济体制转型期间暴露出的历史文化遗产定性、定量等问题，都不可能仅通过单一学科予以解决。因此，理念还需要在下一阶段通过不同领域侧重的论证进一步完善。

总之，在美丽中国、美丽乡村和中原崛起的绝好契机之下，着眼于中原地区传统村落保护与开发的思索，任务艰巨而又意义非凡。在漫漫长路之上，期待各位同仁和有识之士携手同行！

注[31]：根据《世界遗产公约》第29条规定：“……对世界遗产地的保护状况定期进行周到的专业检查、审议和评估，向世界遗产委员会提出详尽的报告。世界遗产委员会根据报告对该遗产地保护状况做出评定，包括肯定与鼓励、情况通报、建议国际援助或合作，乃至把保护状况存在严重问题的世界遗产地列入《濒危世界遗产目录》等。”

附录

附表 1　豫中地区传统村落名录统计

所处地域	国家级传统村落名录	省市级传统村落名录
豫中地区	第一批：漯河市郾城区裴城镇裴城村	第一批：大冶镇垌头村、大冶镇朝阳沟村、徐庄镇柏石崖村、大金店镇大金店老街村、颖阳镇刘村、君召乡君召村、君召乡三过尧村、君召乡胥店村、中岳街道北高庄村、新密市刘寨镇吕楼村、高村乡油坊村、高村乡刘沟村、许昌市许昌县苏桥镇杜寨村、郾城区裴城镇裴城村、临颍县台陈镇台陈村、舞阳县章化乡简城村
	第二批：无	第二批：浅井镇扒村、浅井镇浅井村、花石镇花南村、花石镇白北村、漯河市召陵区姬石镇范寨村
	第三批：大金店镇大金店老街、徐庄镇柏石崖村	第三批：大隗镇大隗村、超化镇超化村、米村镇范村、郑州市荥阳市高山镇石洞沟村、郑州市登封市徐庄镇杨林村、张得镇张西村、无梁镇王家村、神垕镇东大村、无梁镇龙门村、郭连镇课张村
	第四批：荥阳市高山镇石洞沟村、新密市刘寨镇吕楼村、浅井镇扒村、浅井镇浅井村、花石镇白北村、张得镇张西村	第四批：郑州市登封市少林街道办事处玄天庙村杨家门、浅井镇麻地川村、苌庄乡莱沟村、苌庄乡五坪村、顺店镇康城村、神垕镇关爷庙村、鸿畅镇冀村、鸿畅镇山底吴村、古城镇狮子口村、无梁镇高垌村、无梁镇白马寺村、无梁镇观上村、朱阁镇马坟村、朱阁镇大庙村、花石镇孟庄村、鸠山镇天垌村、鸠山镇魏井村、磨街乡黄沟村、磨街乡大涧村、磨街乡青山岭村、磨街乡关庙村、张得镇前张楼村、小吕乡大吕村、郭连镇寇寨村、方岗镇石坑村、方山镇艾窝村、方山镇方山村、方山镇庄沟村
		第五批：白坪乡寨东村小红寨、徐庄镇安沟村、大冶镇后柿杭村、唐庄镇搬倒井村、磨街乡扈阳村、磨街乡九空窑村、磨街乡侯沟村、鸿畅镇寨子贾村、鸠山镇下泉村、鸠山镇张家庄村、鸠山镇西学村、苌庄乡杜家沟村、苌庄乡锁石沟村、苌庄乡九里山村、苌庄乡石庙村、苌庄乡于王沟村、文殊镇樊岗村、方山镇白庄村、火龙镇龙西村、浅井镇马沟村、石象镇明郎寺村、石象镇常庄村、漯河市舞阳县章化乡后古城村

附表 2　豫东地区传统村落名录统计

所处地域	国家级传统村落名录	省市级传统村落名录
豫东地区	第一批：无	第一批：郸城县丁村乡丁村从楼村、扶沟县柴岗乡支亭村、扶沟县城关镇西关村、扶沟县城关镇书院村、扶沟县城关镇大寺村、扶沟县白潭镇三所楼村、扶沟县练寺镇金村、商水县邓城镇邓城村、沈丘县槐店镇中心街村、沈丘县大邢庄乡申段庄村、太康县老冢镇谢堂村、太康县毛庄镇陶母岗村、西华县聂堆镇思都岗村、项城市官会镇蔡庄村、项城市王明口镇袁寨村
	第二批：无	第二批：无
	第三批：无	第三批：开封市杞县葛岗镇古空桑村、开封市通许县冯庄乡杨庄村、开封市通许县长智镇岳寨村、开封市通许县长智镇后七步村、开封市通许县孙营乡南李佐村、开封市祥符区朱仙镇估衣街村、开封市祥符区朱仙镇西街村、开封市祥符区杜良乡国都里村、开封市尉氏县洧川镇南街村、周口市西华县逍遥镇北门村、周口市黄泛区农场尹坡村、周口市黄泛区农场郭庄
	第四批：无	第四批：商丘市睢阳区坞墙镇南亳村、商丘市夏邑县马头镇魏
	第五批：无	第五批：商丘市睢阳区宋集镇半塔村、商丘市睢阳区李口镇清河口村刘旬庄、商丘市梁园区谢集镇老谢集村、商丘市宁陵县石桥镇于庄村、商丘市宁陵县石桥镇刘花桥村、周口市沈丘县冯营乡李寨村

附表 3　豫西地区传统村落名录统计

所处地域	国家级传统村落名录	省市级传统村落名录
豫西地区	第一批：孟津县小浪底镇乔庄村、汝阳县蔡店乡杜康村、宝丰县杨庄镇马街村、郏县堂街镇临沣寨村、郏县李口镇张店村、郏县渣园乡渣园村、郏县冢头镇西寨村、三门峡市陕县西张村镇庙上村	第一批：洛宁县河底镇城村、洛宁县东宋镇丈庄村、洛宁县上戈镇上戈村、洛宁县底张乡草庙岭、孟津县朝阳镇卫坡村、孟津县常袋镇石碑凹村、孟津县会盟镇扣马村、汝阳县城关镇云梦村、汝阳县小店镇圣王台村、汝阳县陶营乡铁炉营村、汝阳县陶营乡南庄村汝阳县蔡店乡蟒庄村、嵩县田湖镇程村、嵩县大章镇大章村、嵩县九店乡石场村、嵩县白河镇下寺村、新安县石井镇寺坡山村、汝州市蟒川镇半扎村、宝丰县城关镇宝丰老城村、宝丰县周庄镇余官营村、宝丰县周庄镇东崔庄村、宝丰县闹店镇周营村、宝丰县闹店镇闹店村、宝丰县石桥镇高铁炉村、宝丰县石桥镇石桥村、宝丰县石桥镇高皇庙村、宝丰县商酒务镇北张庄村、宝丰县商酒务镇赵官营村、宝丰县商酒务镇何庄村、宝丰县商酒务镇柳林村、宝丰县商酒务镇龙泉寺村、宝丰县商酒务镇商酒务村、宝丰县大营镇滴水崖村、宝丰县大营镇大营村、宝丰县大营镇白石坡村、宝丰县大营镇观音堂村、宝丰县大营镇段寨村、宝丰县大营镇石板河村、宝丰县张八桥镇西马庄村、宝丰县张八桥镇姚店铺村、宝丰县杨庄镇小店村、宝丰县肖旗乡韩店村宝丰县肖旗乡范庄村、宝丰县赵庄乡魔冢营村、宝丰县赵庄乡周旗营村、宝丰县赵庄乡官衙村、宝丰县赵庄乡大韩庄村、宝丰县前营乡大连庄村、宝丰县前营乡大店头村、宝丰县李庄乡贺窑村、宝丰县李庄乡马庄村、宝丰县李庄乡翟集村、宝丰县李庄乡程庄村、郏县冢头镇北街村、郏县冢头镇东街村、郏县冢头镇李渡口村、郏县安良镇水泉村、郏县安良镇狮东村、郏县安良镇山头张村、郏县安良镇曹沟村、郏县安良镇高楼村、郏县安良镇雷庄村、郏县安良镇朱洼村、郏县安良镇安南村、郏县薛店镇吴村、郏县长桥镇豆堂村、郏县长桥镇大李楼村、郏县茨芭镇齐村、郏县茨芭镇苏坟村、郏县黄道镇前谢湾村、郏县李口镇李家口村、郏县李口镇椅子圈村、郏县王集乡侯店村、郏县王集乡柴堂村、郏县姚庄回族乡礼拜寺村、郏县姚庄回族乡小张庄村、郏县姚庄回族乡三郎庙村、郏县广阔天地乡辛庄村、郏县广阔天地乡杨庄村、郏县广阔天地乡邱庄村、郏县广阔天地乡大李庄村、郏县广阔天地乡吴堂村、郏县广阔天地乡杨赵庄村、郏县广阔天地乡寇庄村、郏县广阔天地乡板场村、郏县广阔天地乡白龙庙村、郏县广阔天地乡王庄村、鲁山县背孜乡背孜村、鲁山县仓头乡仓头村、鲁山县瓦屋乡李老庄村、鲁山县张店乡邢沟村、鲁山县张管营镇楝树村、叶县仙台镇董寨村、湖滨区会兴街道会兴村、灵宝市大王镇西路井村、灵宝市川口乡三圣村、灵宝市朱阳镇秦池村、灵宝市朱阳镇朱阳村、灵宝市尹庄镇杨公寨村、灵宝市尹庄镇北厥山村、灵宝市焦村镇沟东村、卢氏县杜关镇民湾村、卢氏县官道口镇瓮观村、卢氏县朱阳关镇杜店村、陕县西张村镇人马寨村、陕县西张村镇反上村、陕县西张村镇南沟村、陕县西陕县观音堂镇石壕村、陕县张汴乡寺院村、陕县张汴乡刘寺村、陕县张汴乡北营村、渑池县陈村乡池底村、渑池县段村乡赵沟村、渑池县段村乡赵坡头村、渑池县段村乡上中关村、渑池县南村乡关底村、渑池县南村乡金灯河村、渑池县天池镇陶村、渑池县坡头乡圪増村、渑池县仁村乡马跑泉村、义马市东区办事处石佛村

所处地域	国家级传统村落名录	省市级传统村落名录
豫西地区	第二批：孟津县朝阳镇卫坡村、孟津县常袋镇石碑凹村、新安县石井镇寺坡山村、嵩县九店乡石场村、洛阳市洛宁县上戈镇上戈村、洛阳市洛宁县河底镇城村、洛宁县东宋镇丈庄村、洛宁县底张乡草庙岭村、宝丰县石桥镇高皇庙村、宝丰县商酒务镇北张庄村、宝丰县李庄乡程庄村、宝丰县大营镇大营村、宝丰县大营镇白石坡村、鲁山县瓦屋乡李老庄村、郏县冢头镇北街村、郏县冢头镇东街村、郏县冢头镇李渡口村、郏县茨芭镇苏坟村、郏县姚庄回族乡小张庄村、渑池县段村乡赵沟村、渑池县段村乡赵坡头村、陕县西张村镇南沟村、卢氏县朱阳关镇杜店村、义马市东区办事处石佛村、灵宝市朱阳镇朱阳村	第二批：汝阳县大安工业园区曹刘庄村、宜阳县张坞镇苏羊村、洛宁县下峪镇后上庄村、栾川县潭头镇大王庙村、栾川县潭头镇拨云岭村、栾川县潭头镇党村、栾川县潭头镇张村、栾川县三川镇火神庙村抱犊寨、洛龙区龙门镇田山村、洛龙区李楼镇楼村、新安县铁门镇土古洞村、新安县石井镇东山底村、宝丰县大营镇牛庄村、宝丰县大营镇大沈河村、宝丰县大营镇古垛村、叶县叶邑镇中村、鲁山县梁洼镇鹁鸽吴村、鲁山县瓦屋镇土桥村、郏县白庙乡团造村、郏县冢头镇梁庄村、郏县冢头镇柏坟周村、郏县茨芭镇山头赵村、郏县李口镇寺杨村、郏县李口镇郭楼村、郏县李口镇张沟村、郏县李口镇周沟村、郏县薛店镇冢王南村、郏县薛店镇后冢王西村、郏县渣园乡宋堡村、郏县渣园乡林村、汝州市夏店乡山顶村、汝州市焦村乡王楼村、汝州市焦村乡张村、汝州市纸坊镇赵南村、汝州市纸坊镇纸东村、汝州市大峪镇杨窑村西坡村、汝州市大峪镇后坡村、汝州市大峪镇青山后村、灵宝市焦村镇南上村
	第三批：新安县石井镇东山底村、栾川县潭头镇大王庙村、栾川县三川镇火神庙村抱犊寨、宜阳县张坞镇苏羊村、郏县薛店镇冢王南村、郏县茨芭镇齐村、郏县茨芭镇山头赵村、汝州市蟒川镇半扎村、汝州市夏店乡山顶村、陕县西张村镇丁管营村、陕县张汴乡刘寺村	第三批：洛宁县下峪镇故东村、洛宁县小界乡李家原村、汝阳县刘店镇腾岭村、新安县北冶镇甘泉村、新安县仓头镇孙都村、新安县石井镇井沟村、新安县石井镇王家沟村、新安县石井镇山窝村、栾川县潭头镇古城村、栾川县潭头镇汤营村、栾川县潭头镇石门村、郏县薛店镇张武楼村、郏县渣园乡马鸿庄、郏县安良镇苗楼村、郏县茨芭镇马山村、鲁山县梁洼镇半坡阳村扒头郭村、鲁山县背孜乡东山村、汝州市骑岭乡河坡村、汝州市纸坊镇纸北村、汝州市纸坊镇武巡村、汝州市大峪镇火石岭村、灵宝市焦村镇东村、灵宝市豫灵镇底董村、渑池县张村镇苏秦村、陕县西张村镇丁管营村
	第四批：新安县北冶镇甘泉村、新安县仓头镇孙都村、洛宁县下峪镇后上庄村、鲁山县梁洼镇鹁鸽吴村、郏县薛店镇后冢王西村、郏县黄道镇前谢湾村、郏县渣园乡马鸿庄、汝州市焦村乡张村、陕州区张湾乡官寨头村、渑池县张村镇苏秦村	第四批：洛宁县市罗岭乡皮坡村 、偃师市山化镇游殿村 、偃师市山化镇新明村 、偃师市山化镇光明村 、孟津县麻屯镇薄姬岭村、郏县安良镇段沟村 、郏县茨芭镇北竹园西村 、郏县茨芭镇段磨李村 、郏县茨芭镇傅村 、郏县黄道镇王英沟村 、郏县王集乡董村 、郏县薛店镇东关庄村 、郏县薛店镇吕沟村、陕州区张湾乡官寨头村、陕州区张汴乡曲村 、灵宝市朱阳镇犁牛河村 、灵宝市朱阳镇两岔河村 、灵宝市朱阳镇王家村

续表

所处地域	国家级传统村落名录	省市级传统村落名录
豫西地区		第五批：洛龙区庞村镇彭店寨村、洛龙区诸葛镇西山张村、洛宁县河底镇河底村、洛宁县上戈镇庙洼村、洛宁县故县镇窑瓦村、洛宁县故县镇隍城村、洛宁县小界乡苇山村、洛宁县罗岭乡讲理村、洛宁县兴华镇西南村、孟津县朝阳镇刘寨村、孟津县平乐镇后营村鹞店、孟津县常袋镇半坡村、孟津县送庄镇朱家寨村牛家寨、孟津县横水镇横水村、孟津县城关镇寺河南村大阳河、孟津县小浪底镇李家岭村、孟津县小浪底镇庙护村、伊川县白沙镇白沙村、伊川县吕店镇温沟村、嵩县白河镇白河街村、嵩县白河镇大青村、嵩县白河镇栗扎树村、嵩县白河镇火神庙村、嵩县白河镇黄柏树村、嵩县田湖镇陆浑村、嵩县九店乡王楼村洼口村、新安县铁门镇薛村村、新安县曹村乡袁山村、偃师市山化镇汤泉村、偃师市山化镇马洼村、宝丰县前营乡岳坟沟村郝庄村、郏县茨芭镇竹园沟村、郏县茨芭镇刘村、郏县茨芭镇后李村、郏县白庙乡宁庄、郏县黄道镇纸坊村、郏县黄道镇黄道北村、郏县薛店镇使朗庙村、郏县薛店镇下宫村、郏县薛店镇靳窑村、郏县渣园乡范寨村、郏县渣园乡大王庄村、郏县渣园乡寺街村、郏县渣园乡黄门村、鲁山县瓦屋镇红石崖村、鲁山县尧山镇霍庄村、汝州市焦村镇魏沟村、汝州市庙下镇神沟村、汝州市庙下镇古城村、汝州市夏店镇甄窑杨窑村、汝州市王寨乡郑铁村、汝州市王寨乡樊古城村、汝州市王寨乡王古城村、汝州市蟒川镇罗圈村、汝州市蟒川镇寺上村、汝州市蟒川镇戴湾村、灵宝市阳平镇南阳平村、灵宝市豫灵镇文峪村、渑池县张村镇河南庄村、卢氏县文峪乡大桑沟村、卢氏县文峪乡窑子沟村、卢氏县东明镇祁寸湾村、卢氏县东明镇北苏村、卢氏县东明镇先峪村、卢氏县范里镇东寨村、卢氏县范里镇范里村、卢氏县横涧乡青山村、卢氏县横涧乡照村照村岭、卢氏县官道口镇江槽村、卢氏县官道口镇杨眉河村、卢氏县双龙湾镇龙驹村、卢氏县五里川镇河南村、卢氏县沙河乡三角村、卢氏县沙河乡留书村、卢氏县汤河乡高沟口村、陕州区原店镇新建村

附表 4　豫南地区传统村落名录统计

所处地域	国家级传统村落名录	省市级传统村落名录
豫南地区	第一批：邓州市杏山旅游管理区杏山村、内乡县乍曲乡吴垭村、光山县文殊乡东岳村、罗山县铁铺乡何家冲村、新县八里畈镇神留桥村丁李湾村	第一批：邓州市构林镇古村、南召县崔庄乡粮食川村、邓州市十林镇习营村、社旗县陌陂乡陌陂街村、邓州市刘集镇老户周村、唐河县桐寨铺镇东张营村、邓州市刘集镇杜营村、唐河县城郊乡北张湾村、邓州市裴营乡魏寺村、桐柏县城郊乡北杨庄村、邓州市陶营乡高李村、桐柏县大河镇李沟村下黄连沟村、方城县独树镇镇砚山铺村、桐柏县回龙乡柞楼村、方城县博望镇镇博望村、宛城区黄台岗镇范蠡村、方城县拐河镇镇西关村、卧龙区龙兴乡古庄渔村、南召县云阳镇老城村、淅川县荆紫关镇中街村、南召县云阳镇大关村、淅川县荆紫关镇南街村、南召县马市坪乡转角石村、镇平县石佛寺镇大仵营村、邓州市张村镇上营村、镇平县高丘镇陈营村、光山县净居寺名胜管理区杨帆村、光山县泼陂河镇黄涂村龚冲村、光山县泼陂河镇何尔冲徐楼村、光山县晏河乡万湾村向冲村、光山县晏河乡熊畈村、淮滨县张庄乡张庄村、罗山县周党镇东街村、罗山县周党镇中山村围子村、罗山县周党镇吊桥村姜冲大湾村、罗山县周党镇朱楼村红石崖村、罗山县定远乡刘店村御碑亭村、罗山县朱堂乡肖畈村、罗山县朱堂乡陈家沟村、罗山县朱堂乡朱堂村北场村、罗山县山店乡鸡笼村洞沟村、罗山县山店乡张湾村下张湾村、罗山县山店乡张湾村上张湾村、罗山县山店乡鸡笼村独田洼村、罗山县山店乡胡畈村姚河村、罗山县莽张镇天湖村张洼村、罗山县灵山镇高寨村熊西楼村、罗山县灵山镇董桥村王大湾村、罗山县灵山风景区管理局灵山居委会河东村、罗山县潘新镇陡山村陈望楼村、罗山县彭新镇明月村董洼村、罗山县彭新镇明月村曾楼村、罗山县彭新镇杨店村尤庄村、罗山县彭新镇张洼村、平桥区肖店乡邱湾村、平桥区五里店街道办事处曹湾村、商城县鄢岗镇鄢岗村、商城县长竹园乡张花店村何家冲、商城县长竹园乡汪冲村四方洼、商城县冯店乡郭店村四楼湾村、商城县何凤桥乡观音山村、商城县金刚台乡南楼村、商城县吴河乡万安村何老湾村、商城县达权店镇何畈村、商城县达权店镇黑河村、商城县达权店镇新店村、浉河区柳林乡柳林老街、新县周河乡毛铺村楼上楼下村、新县卡房乡卡房村二畈村、新县箭厂河乡竹林村四角曹门村、泌阳县官庄镇龙水村委夏庄、正阳县寒冻镇堰北刘村、确山县竹沟镇竹沟村、汝南县梁祝镇马北村、西平县杨庄乡仪封村、西平县吕店乡董桥村

续表

所处地域	国家级传统村落名录	省市级传统村落名录
豫南地区	第二批：南召县云阳镇老城村、新县周河乡毛铺村楼上楼下村、商城县长竹园乡张花店村何家冲村、商城县长竹园乡汪冲村四方洼村、商城县冯店乡郭店村四楼湾村、确山县竹沟镇竹沟村	第二批：方城县广阳镇三贤村、方城县赵河镇石寨村、唐河县毕店镇张心一村、唐河县马振抚乡前庄村、桐柏县城郊乡毛坡村闵庄村、社旗县太和镇刘集村太和村、邓州市罗庄镇高庄村大小寨、光山县南向店乡董湾村向楼、商城县余集镇迎水村余老湾村、信阳市浉河区董家河镇三角山村钱家大湾村、信阳市浉河区董家河镇黄龙寺村围墙湾村、信阳市浉河区董家河镇三角山村张家湾村、新县八里畈镇南冲村南冲大湾、新县卡房乡河山村黄冲村、新县苏河乡朱店村郭冲、新县苏河乡新光村钱大湾、新县香山湖管理区水塝村袁河村、新县新集镇黄湾村大屋店、新县陈店乡程七湾村、新县田铺乡黄土岭村张田铺村、新县田铺乡田铺大弯村、新县陡山河乡白沙关村白沙关、新县周河乡西河村大湾、固始县秀水办事处阳关村、固始县洪埠乡戴店村、固始县武庙镇锁口村
	第三批、南召县马市坪乡转角石村、淅川县盛湾镇土地岭村、唐河县马振抚乡前庄村、光山县泼陂河镇何尔冲村徐楼村、光山县泼陂河镇黄涂村龚冲村、光山县南向店乡董湾村向楼村、光山县净居寺名胜管理区杨帆村、新县苏河乡新光村钱大湾、新县周河乡西河村大湾、新县陡山河乡白沙关村白沙关、新县卡房乡胡湾村刘咀村、新县田铺乡香山湖管理区水塝村韩山村、新县田铺乡田铺居委会大湾村、商城县吴河乡万安村何老湾、商城县余集镇迎水村余老湾	第三批：淅川县盛湾镇土地岭村、唐河县祁仪乡王田村、桐柏县月河镇西湾村、邓州市白牛镇刘楼村、邓州市白牛镇竹筲陂村、邓州市罗庄镇青冢村、平桥区五里店办事处郝堂村、平桥区邢集镇罗楼村熊庄组、息县谯楼街道办事处庞湾村、罗山县灵山风景区灵山社区莲塘组、光山县泼陂河镇黄涂湾村汪湾组、光山县晏河乡李畈村南李洼组、光山县晏河乡管围孜村徐畈组、光山县马畈镇代洼村杨柳湾组、新县郭家河乡土门村徐冲组、新县郭家河乡柴楼村汪山组、新县沙窝镇朴店村宋冲组、新县田铺乡塘畈村西高山组、新县田铺乡香山湖管理区水塝村韩山村、新县卡房乡卡房村楼子湾组、新县卡房乡王畈村戴河组、新县卡房乡胡湾村刘咀村、新县陡山河乡刘湾村程洼组、商城县金刚台镇杜畈村、固始县段集镇齐山村、确山县竹沟镇黄石头庄、西平县师灵镇藏王庙村
	第四批：方城县独树镇砚山铺村、光山县马畈镇代洼村杨柳湾组、光山县晏河乡管围孜村徐畈组、新县郭家河乡土门村徐冲组、西平县杨庄乡仪封村	第四批：方城县二郎庙镇陈堰村、方城县小史店镇贾沟村、方城县古庄店乡金汤寨村、淅川县仓房镇磨沟村、罗山县彭新镇倒座村东畈组、光山县白雀园镇冯寨村冯冲组、商城县吴河乡清塘坳村黄新屋、西平县出山镇业庄、西平县出山镇李孟银村、西平县芦庙乡合庄
		第五批：宛城区金华镇东谢营村、桐柏县淮源镇老湾村曾家老湾村、桐柏县埠江镇水湖流、桐柏县程湾镇石头庄村袁庄寨村、唐河县马振抚乡姚岗村、唐河县马振抚乡栗棚村、唐河县湖阳镇仝湾村、镇平县老庄镇凉水泉村、淅川县毛堂乡龙泉村、西峡县丁河镇蒲塘村、南召县云阳镇铁佛寺村石窝坑村、方城县赵河镇北陈庄村、方城县柳河乡边庄村黑龙庙自然村、方城县二郎庙镇花山留村大孙庄、方城县杨集乡花沟村、方城县柳河乡段庄村王老庄自然村、方城县独树镇白石咀村汪庄、邓州市张村镇冠军村、邓州市九龙镇姚营寨村、邓州市小杨营乡安众村、邓州市汲滩镇廖寨村、邓州市腰店镇焦林村、邓州市构林镇贺营村、邓州市赵集镇堤南高村堤南高自然村、平桥区明港镇新集村新集组、平桥区洋河镇金牛店村娘娘坟组、光山县槐店乡陈洼村陈洼组、光山县文殊乡柿园村、光山县文殊乡花山村周洼组、光山县凉亭乡梁冲村晏洼组、光山县凉亭乡王塆村邱王塆组、光山县罗陈乡西陈岗村王代塆组、光山县泼陂河镇雀村宋桥组、光山县泼陂河镇黄涂湾村、光山县弦山街道办事处同心村黄底下村民组、光山县南向店乡董湾村、淮滨县三空桥乡肖营村、潢川县付店镇骆店村、商城县双椿铺镇郭窑村、浉河区董家河镇三角山村唐家老湾、新县千斤乡杨高山、新县周河乡熊塆村、新县陈店乡王塆村、新县陈店乡胡子石村、新县千斤乡孔塆村扶塆组、新县苏河镇新光村北沟村民组、罗山县定远乡黄洼村下洞组、固始县胡族铺镇迎河村、固始县胡族铺镇小河桥村、西平县出山镇酒店村杨庄村

附表 5　豫北地区传统村落名录统计

所处地域	国家级传统村落名录	省市级传统村落名录
豫北地区	第一批：新乡市卫辉市狮豹头乡小店河村、濮阳市清丰县双庙乡单拐村	第一批：滑县道口镇顺南街村、滑县道口镇顺北街村、滑县牛屯镇暴庄村、滑县万古镇樵邱村、滑县万古镇西万古村、滑县老店乡马兰集村、滑县慈周寨乡前李方屯二村、滑县小铺乡三家村、安阳县安丰乡渔洋村、安阳县蒋村镇西蒋村、林州市任村镇任村村、林州市石板岩乡漏子头村、林州市石板岩乡王相村、林州市石板岩乡朝阳村、鹤山区九矿街道办事处乡龙宫村、鹤山区姬家山乡施家沟村、鹤山区姬家山乡王家站村、浚县卫溪街道办事处顺河村、浚县卫溪街道办事处西街村、浚县屯子镇郑厂村、浚县伾山街道办事处西杨玘屯村、浚县新镇镇淇门南街村、浚县新镇镇新镇村、浚县卫贤镇后草店村、浚县浚州街道办事处秦李庄村、浚县白寺乡白寺村、淇滨区上峪乡镇柏尖山村、淇滨区上峪乡镇白龙庙村、淇滨区金山办事处镇庞村、淇县黄洞乡纣王店村、淇县灵山街道办事处凉水泉村、山城区鹿楼乡肥泉村、山城区鹿楼乡大胡村、长垣县蒲东办事处街道学堂岗村、长垣县丁栾镇杜沙邱村、长垣县魏庄镇大车村、长垣县恼里镇蔡占村、封丘县陈桥镇陈桥村、孟州市大定街道办事处庙底村、孟州市河阳街道办事处缑村、孟州市化工镇横山村、孟州市槐树乡龙台村、沁阳市常平乡九渡村、沁阳市常平乡山路平村、温县赵堡镇陈家沟村、温县招贤乡安乐寨村、武陟县大封镇大司马村、武陟县龙源镇万花村、武陟县嘉应观乡西营村、武陟县乔庙乡冯丈村、武陟县小董乡北归善村、武陟县小董乡磨庄村、武陟县小董乡小董村修、武县岸上乡一斗水村、修武县岸上乡东岭后村、修武县西村乡平顶爻村、修武县西村乡双庙村、修武县西村乡后河村、修武县西村乡陪嫁妆村、中站区府城街道办事处北朱村、城关镇南街村、寺庄乡邱辛店村、寺庄乡前郭村
	第二批：安阳县安丰乡渔洋村、林州市任村镇任村村、林州市石板岩乡朝阳村、林州市石板岩乡漏子头村、鹤山区姬家山乡王家站村、山城区鹿楼乡大胡村、山城区鹿楼乡肥泉村、浚县卫溪街道办事处西街村、淇县黄洞乡纣王殿村、中站区府城街道办事处北朱村、修武县岸上乡一斗水村、修武县岸上乡东岭后村、修武县西村乡平顶爻村、修武县西村乡双庙村、焦作市沁阳市常平乡九渡村	第二批：安阳市滑县慈周寨镇尹庄村、五龙镇中石阵村、五龙镇七峪村、任村镇盘阳村、石板岩乡南湾村、石板岩乡草庙村、石板岩乡梨园坪村、淇滨区大河涧乡牛横岭村、淇滨区大河涧乡河口村、淇县黄洞乡石老公村、淇县黄洞乡温坡村、浚县屯子镇码头村、南寨镇凤凰山村、西平罗乡西平罗村、拍石头乡张泗沟村、沙窑乡郭亮村、博爱县寨豁乡青天河村、修武县西村乡桃园村、修武县西村乡长岭村、博爱县苏家作乡寨卜昌村、濮阳市华龙区岳村乡东北庄村
	第三批：石板岩乡草庙村、石板岩乡梨园坪村、石板岩乡南湾村、黄洞乡石老公村、黄洞乡温坡村、拍石头乡张泗沟村、沙窑乡郭亮村、修武县西村乡长岭村、温县赵堡镇陈家沟	第三批：石林镇三家村、石林镇时丰村、石林镇卜家沟村石林镇黑塔村、石林镇赖家河村、鹿楼乡后营村、鹿楼乡寺湾村、鹿楼乡陈家湾村、鹤壁集镇梨林头村、鹤壁集镇大吕寨、鹤壁集镇前蜀村、鹤壁集镇曹家村、姬家山乡张家沟村、姬家山乡高洞沟村、黄洞乡东掌村、黄洞乡西掌村、黄洞乡鱼泉村、高村镇高村、北阳镇油城村、灵山办事处赵庄村；沙窑乡水磨村、南寨镇齐王寨村

所处地域	国家级传统村落名录	省市级传统村落名录
豫北地区	第四批：鹤壁市浚县白寺乡白寺村、淇县灵山办事处赵庄村、新乡市辉县市沙窑乡水磨村	第四批：任村镇南丰村、任村镇皇后村、石板岩镇高家台村、石板岩镇西乡坪村、石板岩镇上坪村、石板岩镇车佛沟村、茶店镇西沟村、茶店镇辛店村南治沟村、茶店镇翟二井村南坡村、茶店镇翟二井村西沟村、东姚镇石大沟村、安阳市汤阴县古贤镇支村安阳市龙安区马投涧镇王二岗村、鹤壁市山城区石林镇中石林村、南村镇石盆村、南村镇西王村、张村乡平岭村、孟州市西虢镇莫沟村、孟州市槐树乡耿沟村、修武县西村乡西岭后、修武县西村乡东交口村、温县番田镇南张伦村
		第五批：安阳市安阳县磊口乡清凉山村、安阳市林州市东姚镇北坡村、东姚镇齐家村、临淇镇占元村、临淇镇白泉村、临淇镇黄落池村部家庄村、任村镇盘龙山村、任村镇白家庄村、任村镇牛岭山村马刨泉村、任村镇后峪村、石板岩镇贤麻沟村、石板岩镇石板岩村东湾自然村、姚村镇水河村、合涧镇肖街村北庵沟村、河顺镇郭庄村、河顺镇井上村、五陵镇瓦查村、五陵镇五四街村、任固镇一街村、任固镇南故城村、安阳市滑县万古镇东妹村、鹤壁市浚县屯子镇东张洼村、鹤壁市淇县灵山街道办事处大石岩村、鹤壁市淇滨区上峪乡老望岩村、鹤壁市淇滨区上峪乡桑园村、鹤壁市山城区石林镇小寨沟村、鹤壁市山城区鹿楼乡中爻头村、鹤壁市鹤山区姬家山乡西顶村、姬家山乡石门村、姬家山乡沙锅窑村、姬家山乡崔村沟村、姬家山乡蒋家顶村、姬家山乡黄庙沟村、鹤壁集镇西杨邑村、张村乡赵窑村、市张村乡和漫村、市张村乡里沟村、市张村乡滑峪村、市沙窑乡新庄村、市黄水乡韩口村、市南村镇丁庄村、市南村镇司北村、市薄壁镇周庄村、新乡市卫辉市狮豹头乡：雪白庄村、蜘蛛窑村、土池村、定沟村、正面村、里峪村、新乡市长垣县：孟岗镇伯玉村、赵堤镇大浪口村、赵堤镇前小渠村；焦作市：博爱县柏山镇柏山村、博爱县寨豁乡方山村、博爱县许良镇于庄村、孟州市赵和乡苏庄村、孟州市城伯镇西武章村、武陟县嘉应观乡杨庄村；濮阳市南乐县梁村乡北张庄村、濮阳市范县杨集乡刘辛店村；济源市：大峪镇王庄村周庄村、承留镇张河村、思礼镇水洪池村、邵原镇双房村、邵原镇东阳村

附表 6　本书相关论文发表情况

序号	论文、论著题目	主要作者	刊物名称、年、卷、期、页	收录情况（SCI、EI、ISTP）	影响因子	发表或出版时间
1	传统村落的文脉辨识、提炼及应用——以中原地区为例	刘磊	世界地理研究，2018,27（4）：167-176	CSSCI 扩展版、中文核心	1.576	2018 年
2	传统村落景观肌理的原型辨识及应用——以河南省新县西河大湾村为例	刘磊	地域研究与开发，2018,37（2）：163-166	CSSCI 扩展版、CSCD、中文核心	1.971	2018 年
3	基于“簇—群”联结的传统村镇风貌解析与修复——以荆紫关镇为例	刘磊	世界地理研究，2018,28（5）：164-172	CSSCI 扩展版、中文核心	1.576	2018 年
4	基于“簇—群”联结的传统村镇风貌解析与修复——以李渡口村为例	刘磊	中国园林，2018,34（5）：28-32	CSSCI、中文核心	1.579	2018 年
5	Research on Restoration and Renewal Strategy of Traditional Village Landscape Elements——Taking Xiaodian River Village in Weihui，Henan Province as an Example	Wenjun Zhang，Lei Liu	Science Innovation，2018，6（3）：149-155			2018 年
6	中原特色小镇景观肌理弥合策略研究——以巩义市竹林镇为例	张文君，刘磊	城市地理，2018（4）：225-226.			2018 年
7	基于“社—空”结构下的村落风貌解析与修复路径研究——以鹤壁市王家辿村为例	宋鹏昊，张文君，刘磊	住宅与房地产，2018（9）：247-249			2018 年
8	传统村落风貌要素提炼及修复策略研究——以河南石洞沟村为例	丁小芳，张文君，刘磊	建筑学研究前沿，2018,25（9）：239-240			2018 年
9	基于提升地域认同理念下的传统村落发展模式探究——以山西省西黄石村为例	张可，张文君，刘磊	居业，2018（12）：59-61			2018 年

其他参考文献

专著

[1]陆元鼎，李先逵．中国传统民居与文化［M］．北京：中国建筑工业出版社，1991.

[2]段进，比尔·希列尔，等．空间研究3：空间句法与城市规划［M］．南京：东南大学出版社，2007.

[3]段进．城市空间发展论［M］．南京：江苏科学技术出版社，2006.

[4]魏柯．四川地区历史文化名镇空间结构研究［M］．成都：四川大学出版社，2012.

[5]陈凯锋．建筑文化学［M］．上海：同济大学出版社，1996.

[6]武进．中国城市形态——结构、特点及其演变［M］．江苏：江苏科技出版社，1990.

[7]胡俊．中国城市：模式与演进［M］．北京：中国建筑工业出版社，1995.

[8]阮仪三，王景慧，王林．历史文化名城保护理论与规划［M］．上海：同济大学出版社，1999.

[9]范敬宜，张春生，徐玉麟，等．文物保护法律指南［M］．北京：中国建筑工业出版社，1999.

[10]赵勇，骆中钊，张韵，等．历史文化村镇的保护与发展［M］．北京：化学工业出版社，2005.

[11]胡悌云，张文斌．河南通典［M］．郑州：东方出版中心，1998.

[12]王全书，邵文杰．河南大辞典［M］．北京：新华出版社，2004.

[13]段友文．黄河中下游家族村落民俗与社会现代化［M］．北京：中华书局，2007.

[14]雷虹霁．秦汉历史地理与文化分区研究［M］．北京：中央民族大学出版社，2007.

[15]车文明．中国神庙剧场［M］．北京：文化艺术出版社，2005.

[16]杨昌鸣．东南亚与中国西南少数民族建筑文化探析［M］．天津：天津大学出版社，2004.

[17]李源河．中原文史萃编［M］．郑州：中州古籍出版社，2002.

[18]黄亮宜，孙保定．河南省情概论［M］．北京：中国统计出版社，1995.

[19]徐中舒．甲骨文字典［M］．成都：四川辞书出版社，2006.

[20]刘心铭．天中史话［M］．郑州：中州古籍出版社，2000.

[21]孙旭培．华夏传播论［M］．北京：人民出版社，1997.

[22]胡廷积．河南农业发展史［M］．北京：中国农业出版社，2005.

[23]王文楷，毛继周，陈代光．河南地理志［M］．郑州：河南人民出版社，1990.

[24]葛纪谦．河南之最［M］．郑州：河南人民出版社，1994.

[25]贾鸿雁．中国历史文化名城通论［M］．南京：东南大学出版社，2007.

[26]陈剩勇．中国第一王朝的崛起——中华文明和国家起源之谜破译［M］．

长沙：湖南出版社，1994.

[27]傅小凡，杜明富. 神话溯源：女娲伏羲神话的源头及其哲学意义[M]. 兰州：甘肃人民美术出版社，2007.

[28]张志孚，何平立. 中州文化[M]. 沈阳：辽宁教育出版社，1998.

[29]马世之. 史前文化研究[M]. 郑州：中州古籍出版社，1993.

[30]耿瑞玲. 民间居住[M]. 郑州：海燕出版社，1997.

[31]胡战坤，何伟. 河南地名趣谈[M]. 郑州：河南人民出版社，2006.

[32]韦森. 文化与制序[M]. 上海：上海人民出版社，2003.

[33]李普国.《周礼》的经济制度与经济思想[M]. 郑州：中州古籍出版社，1987.

[34]曹洪涛. 中国古代城市的发展[M]. 北京：中国城市出版社，1995.

[35]刘沛林. 古村落：和谐的人聚空间[M]. 上海：上海三联书店，1997.

[36]李允鉌. 华夏意匠——中国古典建筑设计原理分析[M]. 天津：天津大学出版社，2005.

[37]孙大章. 中国民居研究[M]. 北京：中国建筑工业出版社，2004.

[38]傅崇兰，白晨曦，曹文明，等. 中国城市发展史[M]. 北京：社会科学文献出版社，2009.

[39]西安半坡博物馆，等. 姜寨——新石器时代遗址发掘报告（上）[M]. 北京：文物出版社，1988.

[40]邓辉. 世界文化地理[M]. 北京：北京大学出版社，2010.

[41]刘沛林. 古镇名村遗产保护与旅游开发[M]. 北京：现代教育出版社，2007.

[42]刘沛林. 中国古村落之旅[M]. 长沙：湖南大学出版社，2007.

[43]金其铭. 农村聚落地理[M]. 北京：科学出版社，1988.

[44]成一农. 古代城市形态研究方法新探[M]. 北京：社会科学文献出版社，2009.

[45]陆元鼎，杨新平. 乡土建筑遗产的研究与保护[M]. 上海：同济大学出版社，2008.

[46]李秋香. 中国村居[M]. 天津：百花文艺出版社，2002.

[47]张驭寰. 中国城池史[M]. 天津：百花文艺出版社，2003.

[48]王振复. 大地上的“宇宙”：中国建筑文化理念[M]. 上海：复旦大学出版社，2001.

[49]陆思贤. 神话考古[M]. 北京：文物出版社，1995.

[50]孟彤. 中国传统建筑中的时间观念研究[M]. 北京：中国建筑工业出版社，2008.

[51]张光直. 美术、神话与祭祀[M]. 郭净，译. 沈阳：辽宁教育出版社，2002.

[52]吴庆洲. 建筑哲理、意匠与文化[M]. 北京：中国建筑工业出版社，2005.

期刊论文

[1]周畅. 传统历史文化街区的保护与可持续发展[J]. 建筑学报,2004(11):5-6.

[2]郑孝燮. 加强我国的世界遗产保护与防止"濒危"的问题[J]. 城市发展研究, 2003, 10(2): 50-54.

[3]阮仪三,肖建莉. 寻求遗产保护和旅游发展的"双赢"之路[J]. 城市规划, 2003, 27(6): 86-90.

[4]罗哲文. 中国文化遗产的特色[J]. 中国文化遗产, 2004(1): 9.

[5]郭文权. 南京历史文化名城保护思考[J]. 现代城市研究, 2005(9): 50-53.

[6]仇保兴. 中国历史文化名镇(村)的保护与利用策略[J]. 城乡建设,2004(1): 6-9.

[7]陈志华. 文物建筑保护中的价值观问题[J]. 世界建筑, 2003(7): 80-81.

[8]李东, 许铁铖. 空间、制度、文化与历史叙述——新人文视野下传统聚落与民居建筑研究[J]. 建筑师, 2005(115): 8-17.

[9]谢维扬. 中国国家起源研究中的"古国"问题[J]. 学术月刊, 2001, 383(4): 90-96.

[10]薄井由. 清末以来会馆的地理分布——以东亚同文书院调查资料为依据[J]. 中国历史地理论丛, 2003, 18(3): 80-91.

[11]王一川. 中国现代性的景观与品格——认识后古典远缘杂种文化[J]. 南京大学学报(哲学·人文科学·社会科学), 2005, 42(3): 20-26.

[12]陈星灿. 何以中原? [J]. 读书, 2005, 314(5): 29-36.

[13]钱耀鹏. 中国史前防御设施的社会意义考察[J]. 华夏考古,2003,65(3): 41-48.

[14]李伟,俞孔坚. 世界文化遗产保护的新动向——文化线路[J]. 城市问题, 2005(4): 7-12.

[15]燕乃玲, 吕恒, 虞孝感, 等. 世界保护区研究的新进展[J]. 农村生态环境, 2003, 19(3): 49-52.

[16]王志芳, 孙鹏. 遗产廊道—— 一种较新的遗产保护方法[J]. 中国园林, 2001(5): 85-88.

[17]刘沛林. 我国古城镇景观基因"胞—链—形"的图示表达与区域差异研究[J]. 人文地理, 2011, 31(1): 19-23.

[18]刘沛林. "景观信息链"理论及其在文化旅游地规划中的运用[J]. 经济地理, 2008, 28(6): 1035-1039

[19]刘沛林, 刘春腊, 邓运员, 等. 中国传统聚落景观区划及景观基因识别要素研究[J]. 地理学报, 2010, 65(12): 1496-1506.

[20]刘沛林. 古村落文化景观的基因表达与景观识别[J]. 衡阳师范学院学报, 2003(4): 1-8.

[21]任式楠. 中国史前城址考察[J]. 考古, 1998(1): 1-16.

[22]曹正伟, 邓宏, 贾祺. 观照欲望与图示概念——传统建筑图示中的视角分析[J]. 重庆建筑大学学报, 2007(4): 17.

[23]唐晓岚，冒丹．对城市历史文化深度认知与体验叠加的途径之探究——以南京明文化与贵州屯堡文化融合为例［J］．城市发展研究，2011，18（4）：104-108.

[24]张帆，邱冰．大运河申遗背景下聚落遗产保护的反思——以无锡清名桥历史文化街区为研究样本［J］．建筑与文化，2013（2）：101-103.

[25]李和平，肖竞，曹珂，等．“景观—文化”协同演进的历史城镇活态保护方法探析［J］．中国园林，2015（6）：68-73.

[26]李和平，肖竞，胡禹域．碎片式历史地段与城市整体发展耦合机制研究［J］．城市发展研究，2014，21（9）：62-68.

[27]周小棣，沈旸，肖凡．从对象到场域：一种文化景观的保护与整合策略［J］．中国园林，2011（4）：4-9.

[28]张玉坤，李贺楠．原始时代神秘数字中蕴含的时空观念［J］．建筑师，2004（5）：30-35.

[29]吕衍航，张玉坤．古代建筑“朝东”方位观起源及类型［J］．哈尔滨工业大学学报（社会科学版），2011，13（6）：138-142.

[30]欧阳勇锋，黄汉莉．试论乡村文化景观的意义及其分类、评价与保护设计［J］．中国园林，2012（12）：106-108.

[31]胡涛，乔旭宁，顾羊羊，等．区域旅游景区空间结构分析与优化研究——以河南省新县为例［J］．资源开发与市场，2014，30（3）：366-370.

[32]唐常春，吕昀．基于历史文化谱系的传统村镇风貌保护研究［J］．现代城市研究，2008（9）：35-41.

[33]金一，严国泰．基于社区参与的文化景观遗产可持续发展思考［J］．中国园林，2015（3）：106-109.

[34]严国泰，赵书彬．建立文化景观遗产管理预警制度的战略思考［J］．中国园林，2010（9）：12-14.

[35]吕连琴，刘爱荣．我国乡村旅游高级化的产品设计导向［J］．地域研究与开发，2002，21（4）：69-72.

[36]梁明珠，赵思佳．文化导向的城市历史村镇更新模式比较研究——以广州市小洲村、黄埔古村、沙湾古镇为例［J］．现代城市研究，2015（4）：48-54.

[37]边防，赵鹏军，张衔春，等．新时期我国乡村规划农民公众参与模式研究［J］．现代城市研究，2015（4）：27-34.

[38]张天新，王敏．中国村落遗产保护中活态文化标准的可能性分析——从亚太地区文化遗产保护奖与中国传统村落评定的比较说起［J］．中国园林，2015（4）：46-49.

[39]邓小艳，刘英．符号化运作：世界文化遗产旅游地创新发展的路径选择——以湖北武当山为例［J］．经济地理，2012，32（9）：156-171.

[40]王少华．河南省文字文化旅游资源评价研究［J］．河南科技，2011（23）：36-37.

博硕论文

[1]戴彦.巴蜀古镇历史文化遗产适应性保护研究[D].重庆：重庆大学，2008.

[2]王纪武.地域文化视野的城市空间形态研究——以重庆、武汉、南京地区为例[D].重庆：重庆大学，2005.

[3]蔡晴.基于地域的文化景观保护[D].南京：东南大学，2006.

[4]韩蕊.具茨山原始岩刻符号与民居建筑基本模式关系研究[D].西安：西安美术学院，2012.

[5]邹阳.梅山地区历史文化景观适应性再现[D].长沙：湖南大学，2012.

[6]刘艺兰.少数民族村落文化景观遗产保护研究——以贵州省榕江县宰荡侗寨为例[D].北京：中央民族大学，2011.

[7]王飒.中国传统聚落空间层次结构解析[D].天津：天津大学，2011.

[8]李贺楠.中国古代农村聚落区域分布与形态变迁规律性研究[D].天津：天津大学，2006.

[9]杨鑫.地域性景观设计理论研究[D].北京：北京林业大学，2009.

[10]游群林.基于价值需求的历史风貌建筑旅游资源保护开发与利用研究[D].天津：天津财经大学，2012.

[11]周耀林.可移动文化遗产保护策略研究[D].武汉：武汉大学，2005.

[12]邱枫.基于 GIS 的宁波城市肌理研究[D].上海：同济大学，2006.

[13]王镜.基于遗产生态和旅游体验的西安遗产旅游开发模式研究[D].西安：陕西师范大学，2008.

[14]罗正副.调适与演进：无文字民族文化传承——以布依族为个案的研究[D].厦门：厦门大学，2009.

[15]余慧.汶川地震灾区历史文化名城灾后价值分析与保护研究[D].成都：西南交通大学，2012.

[16]沈茂英.中国山区聚落持续发展与管理研究——以岷江上游为例[D].北京：中国科学院研究生院，2005.

[17]杨定海.海南岛传统聚落与建筑空间形态研究[D].广州:华南理工大学，2013.

[18]林涛.浙北乡村集聚化及其聚落空间演进模式研究[D].杭州:浙江大学，2012.

[19]浦欣成.传统乡村聚落二维平面整体形态的量化方法研究[D].杭州：浙江大学，2012.

[20]李立敏.村落系统可持续发展及其综合评价方法研究[D].西安：西安建筑科技大学，2011.

[21]许娟.秦巴山区乡村聚落规划与建设策略研究[D].西安：西安建筑科技大学，2011.

[22]许家伟.乡村聚落空间结构的演变与驱动机理——基于长时段视角对河南省巩义市的考察[D].开封：河南大学，2013.

[23] 童淑媛. 时空融合观念下的中国传统建筑现象与特征研究 [D]. 重庆：重庆大学，2012.

[24] 段晨. 河南民居的地域性建筑文化及可持续发展研究[D]. 天津：天津大学，2012.

[25] 曹洋. 湖州市庄里村水乡村落规划方法研究 [D]. 杭州：浙江大学，2008.

[26] 武阳阳. 江南水乡传统聚落核心空间景观特征的研究[D]. 无锡：江南大学，2013.

[27] 荆怀芳. 中国历史文化名镇旅游开发研究 [D]. 泉州：华侨大学，2007.

[28] 尹亮. 河南乡土建筑类型及区划研究 [D]. 郑州：郑州大学，2011.

[29] 张建. 基于自组织理论的村落形态更新研究 [D]. 武汉：华中科技大学，2008.

[30] 肖竞. 历史村镇文化景观构成与保护研究 [D]. 重庆：重庆大学，2008.

[31] 熊健吾. 基于文化地理学的历史村镇保护开发策略研究 [D]. 重庆：重庆大学，2012.

译著

[1] 凯文·林奇. 城市的印象 [M]. 项秉仁，译. 北京：中国建筑工业出版社，1990.

[2] 吉伯德. 市镇设计 [M]. 程里尧，译. 北京：中国建筑工业出版社，1983.

[3] 乌蒙勃托·艾柯. 符号学理论[M]. 卢德平，译. 北京：中国人民大学出版社，1990.

[4] 科林·罗，弗瑞德·科特. 拼贴城市 [M]. 童明，译. 北京：中国建筑工业出版社，2003.

[5] 露丝·本尼迪克特. 文化模式 [M]. 王炜，等译. 北京：生活·读书·新知三联书店，1988.

[6] 麦克尔·赫兹菲尔德. 什么是人类常识——社会和文化领域中的人类学理论实践 [M]. 刘珩，石毅，李昌银，译. 北京：华夏出版社，2005.

[7] 芦原义信. 街道的美学 [M]. 尹培桐，译. 天津：百花文艺出版社，2006.

[8] 鲁道夫·阿恩海姆. 中心的力量——视觉艺术构图研究 [M]. 张维波，周彦，译. 成都：四川美术出版社，1990.

[9] 格罗塞. 艺术的起源 [M]. 蔡慕晖，译. 北京：商务印书馆，1998.

[10] 伊利尔·沙里宁. 城市——它的发展、衰败与未来 [M]. 顾启源，译. 北京：中国建筑工业出版社，1986.

[11] 刘易斯·芒福德. 城市发展史：起源、演变和前景 [M]. 宋俊岭，倪文彦，译. 北京：中国建筑工业出版社，2005.

[12] 爱德华·泰勒. 原始文化：神话、哲学、宗教、语言、艺术和习俗发展之研究 [M]. 连树生，译. 桂林：广西师范大学出版社，2005.

[13] 勃罗德彭特，等. 符号、象征与建筑 [M]. 乐民成，等译. 北京：中国

建筑工业出版社，1991.

［14］列维－布留尔．原始思维［M］．丁由，译．北京：商务印书馆，1981.

外文资料

［1］Venturi R.Complexity and Contradiction In Architecture［M］.New York: Museum of Modern Art, 2002.

［2］Christian Norberg-Schulz.Existence,Space And Architecture［M］.New York:Rizzoli International Publication,1979.

［3］Rational Architecture:The Reconstruction of the European City［M］. AAM Editions, 1993.

［4］Alexander C.The Timeless Way of Building［M］.New York: Oxford University Press，1979.

［5］Day C.Places Of the Soul: Architecture and Environmental Design as Healing Art［M］.New York: Routledye，2014.

［6］McHarg I L.Design with Nature［M］.Wiley,1995.

［7］Pregill P, Volloman N.Landscapes in History［M］.New York:Van Nostrand Reinhold, 1993.

［8］Jokilehto J.A history of Architectural Conservation［M］.Oxford: Butterworth-Heinemann, 2002.

［9］Mumford L.The Cultures of Cities［M］.New York:Harcourt, Brace and Company, 1938.

［10］Pickard R.Management of Historic Centres［M］.London,New York: Spon Press, 2000.

［11］Tiesdell S, OcT, Heath T.Revitalizing Historic Urban Quarters［M］. Oxford:Architecture Press,2001.

［12］Rapoporf A.Human Aspects of Urban Form: Towards a Man—Environment Approach to Urban Form and Design［M］.New York:Pergamon Press,1977.

［13］Feilden B M. Conservation of Historic Buildings［M］.Oxford:Butterworths Architecture,1994.

［14］Thomas M, Simpson I.Landscape Sensitivity:Principle and Applications in Northern Cool Temperate Environments［J］.Catena,2001,42:81-82.

［15］Forman R T T. Land Mosaics:The Ecology of Landscapes and Regions［M］. Cambridge:Cambridge University Press,1995.

［16］Taylor G.Environment,Village and City:A Genetic Approach to Urban Geography;With Some Reference to Possiblism［J］. Annals of the Association of American Geographers, 1942,32(1):1-67.

［17］Conzen M R G. Morphogenesis,Morphogenetic Regions,and Secular Human Agency in the Historic Townscape,as Exemplfied by Ludlow［M］//Denecke D, Shaw G.Urban Historical Geography.Cambridge:Cambridge University Press, 1988:253-272.

[18] Naveh Z, Lieberman A S.Landscape Ecology: Theory and Application [M] . New York: Speringer–Verlag,1984.

[19] Roberts B, Atkinsp P, et al. People, Land and Time: An Historical Introduction to the Relations between Landscape, Culture and Environment [J] . The Geographical Journal, 2000,166(3): 261–268.

[20] Hayden D. The Power of Place: Urban Landscapes as Public History [M] . Cambridge Mass: MIT Press,1995.

[21] Groth P, Bressi T W. Understanding Ordinary Landscape [M] .New Haven: Yale University Press, 1997.

[22] Corner J. Recovering Landscape:Essays in Contemporary Landscape Architecture [M] .New York: Princeton Architectural Press, 1999.

[23] Giddens A. The Consequences of Modernity [M] . California: Stanford University Press, 1991.

地志・县志・考古文献

[1] 郏县志总编室 . 郏县志（清同治三年）[Z] . 1983.

[2] 河南省地方史志编纂委员会 . 河南省志：第十卷 [M] . 郑州：河南人民出版社，1995.

[3] 河南省叶县地方史志编纂委员会 . 叶县志（清同治辛末）[M] . 郑州：中州古籍出版社，1988.

[4] 密县地方史志编纂委员会 . 密县志 [M] . 郑州：中州古籍出版社，1992.

[5] 河南省地方史志编纂委员会 . 河南新志：上册 [M] . 郑州：中州古籍出版社，1988.

[6] 河南省地方史志编纂委员会,河南新志:中册 [M] . 郑州:中州古籍出版社，1990.

[7] 河南省地方史志编纂委员会,河南新志:下册 [M] . 郑州:中州古籍出版社，1990.

[8] 河南省博物馆 . 河南文博考古文献叙录（1913—1985）[M] . 郑州：中州古籍出版社，1987.

[9] 河南省文化厅文物志编辑室 . 河南省文物志选稿：第七集 [Z] . 河南省文化厅文物志编辑室，1983.

[10] 河南省文化厅文物志编辑室 . 河南省文物志选稿 : 第八集 [M] . 河南省文化厅文物志编辑室，1983.

[11] 河南省文化厅文物志编辑室 . 河南省文物志选稿 : 第九集 [M] . 河南省文化厅文物志编辑室，1983.

[12] 密县地方史志编纂委员会 . 密县志 [M] . 郑州：中州古籍出版社，1992.

[13] 崔静一，郭顺祥，彭子尹，等 . 洛阳历代城池建设 [M] . 洛阳：洛阳地方史志编纂委员会，1985.

[14] 河南省文物管理局 . 河南文物精华古迹卷 [M] . 郑州：文心出版社，1999.

［15］河南省博物馆．河南文博考古文献叙录（1986—1995）［M］．郑州：中州古籍出版社，1997.

［16］河南省文物考古学会．中原文物考古研究［M］．郑州：大象出版社，2003.

［17］开封市文物工作队．开封考古发现与研究［M］．郑州：中州古籍出版社，1998.

［18］王金祥．方城民俗志［M］．郑州：中州古籍出版社，1991.

［19］洛阳市地方史志编纂委员会．洛阳市志：第十三卷［M］．郑州：中州古籍出版社，1996.

［20］徐松．河南志［M］．北京：中华书局，1994.

［21］杨衒之．洛阳伽蓝记［M］．韩结根，注．济南：山东友谊出版社，2001.

［22］河南省文物局．河南历史文化名城［M］．郑州：中原农民出版社，1992.

［23］殷德杰．老南阳［M］．郑州：河南人民出版社，2005.

后 记

在如火如荼的乡村振兴背景下，不将更多精力投身于旅游开发、田园综合体开发等业界热点中，反而依旧执拗于传统村落的空间特征解析和地域特色挖掘，这样的研究真有价值吗？

对于中原而言，天灾人祸、史证匮乏等主客观原因所导致的建筑遗存质量良莠不齐，长期令传统村落的保护开发因适用依据不足而陷入特征失语的境地，开发行为的无序、急功近利的初衷，又更进一步令当地开发陷入主观臆断、拼贴复制的泥沼。正是由于以上种种，促使我坚定了再次以“地域特征挖掘”为落点的提笔动力。

参数化解析，是大数据时代传统村落研究普遍呈现的学术趋势，城乡规划学、风景园林学、建筑学等专业纷纷以价值评价、生态预警、数字模拟等为联结端口，觅得了愈发精确和系统的研究方向。但我坚持认为，尽管数字化技术和参数化解析手段具有种种优点，但一来传统村落毕竟属于一种特殊的历史遗存对象，二来不同地域传统村落所拥有的遗存质量也不尽相同，所以切不可将“蹭热点”“夺眼球”作为选择参数化的目的，反之，应时刻以遗存、地情实际为准绳。

具体就中原传统村落而言，哪类村落适合以参数化手段进行研究？对于不同风貌条件或遗存状态的村落而言，参数化解析有无与地情实际相适的标准？若考虑到将来的数字档案建设、景观预警评价体系构建问题，那么遗存状态残破的传统村落又应怎样开展参数化解析的策略？这些问题都将成为左右中原传统村落参数化研究的关键瓶颈。因研究能力有限，以及这些问题不可能通过一人之力全部解决，因此，本书的写作初衷一方面希望能够纠正“唯数据化”的盲目研究狂热，更多的还是希望能够抛砖引玉，使中原传统村落研究得到业界的足够重视。最后，诚挚地恳请各位专家和同仁批评指正！

二〇一九年八月三十日于郑州轻工业大学芥子园